042

手さぐり人生

山内一生

豊田小原和紙工芸作家

中経マイウェイ新書

目次

はじめに

思えば波乱万丈の道のりだった。両親のいない子ども時代を過ごし、旧制中学生だった戦時中には学徒動員を経験。戦後は運命的な出会いから和紙工芸作家の道を進むも、嫌というほどの貧乏も味わった。それから家族の支えもあって作品が評価されるようになり、想像もしていなかった栄誉に浴することになった。

さまざまな賞も頂いた。昨年は「文化芸術の進展に寄与され、郷土の誇りとして市民の敬仰を受ける者」として豊田市名誉市民にも選ばれた。面はゆいばかりだ。

戦中、戦後と、生活が苦しかったのは日本人なら皆同じだった。その中で私の今日があるのは、人との出会いに恵まれてきたからだと思う。私を育ててくれたおばあさん。和紙工芸への道を示してくれた恩師、藤井達吉先生。生活が苦しい時も弱音を吐かなかった女房。そして私の作品を愛してくださった多くの方々。

本書では、感謝を伝える、そんな気持ちでこれまで私が関わってきた人たちを紹介していく。特に藤井先生は、私の人生を左右するほどの影響を与えてくれた稀代の芸術家だ。

1945（昭和20）年から5年間、私の生まれ育った小原村（現・豊田市）で暮らした藤井先生は、村の若者たちに「村の特産品だった和紙を芸術に高めよ」と教えた。

私も教えを受けた1人だ。藤井先生は芸術や芸術家の在り方、日本の将来像など、さまざまな話をしてくれた。先進的過ぎる話についていけず、また極端なお考えにも反発したが、その魅力的な人柄には抗えなかった。

天国から今の私の姿を見て「ほれ見ろ。俺の言った通りだろう」と笑っているに違いない。

筆者近影

秋の夕暮れ

小原の里では、秋は日暮れになるとすぐに暗くなった。小原は私が生まれ育った愛知県北部の村で、山に囲まれていた。

小学生のころ、秋があまり好きではなかった。夕暮れ後、足早に訪れる闇の深さをたった1人で迎えなければならず、寂しく、怖かった。

低学年だった遠いあの日、私は1人で家にいた。2歳になるまでに父を病気で亡くし、母と離別していた。そのころの私は、小さいころから育ててくれたおばあさんと2人きりで暮らしていた。だが、畑仕事に忙しいおばあさんは、夕暮れになってもなかなか帰って来なかった。

日が暮れかかると部屋の中は急に暗くなる。暗いのが嫌で、障子に夕陽が差すと外へ出るのが常だった。外は夕陽に照らされ、夕焼けが山の向こうから家の障子を真っ赤に染めていた。それはたとえようもなく美しかった。

和紙で作られた障子紙を夕陽が染めたその情景は、今でも忘れられない。そののち、和紙に魅せられて深く関わることになるなど、もちろん思いも及ばぬことだった。

やがて夕陽が完全に沈むと、瞬く間に薄闇が広がっていく。おばあさんはまだ帰ってこない。私は、おばあさんが畑仕事から帰る道につながっている庭のほうに回って耳を澄ます。丈高く伸びた秋草をこすって大急ぎで帰ってくるおばあさんの足音が聞こえてくるかもしれない。しかし、とっぷりと暮れてしまった闇の中でしばらく立ち尽くしても、足音は聞こえてこない。不安が黒い雲のように湧き上がってくる。

私は心細さに耐えかね、ついに物干し竿にしがみついて泣き出してしまった。どのくらい経っただろう。遠くのほうから私を呼ぶ声がする。

「おばあちゃん！」

声を限りに叫び、闇の向こうに駆け出しておばあさんに抱きついた。顔を埋めたおばあさんの体から、畑仕事で汗だらけになった匂いがした。

今も、あの時の寂しさが昨日のことのように蘇ってくる。私は3歳のころからおばあさんの手で育てられることになった。父親の顔は全く覚えていない。

現在の小原地区の風景

母の再婚

私の父は山内重治といい、昭和天皇と同じ学年。第一師範学校（現・愛知教育大学）の卒業生だ。当時、そこの卒業生はいわゆるエリートコースの教員の道を進んだ。父は27歳の時には小原尋常小学校（現・豊田市立道慈小学校）の教頭になっていた。

母は旧姓では『水野ぬい』といい、安城女子職業学校（現・安城学園高等学校）の出身だ。そこを卒業すると裁縫の専科訓導、つまり教員になれるという。父は、母が通っていた学校で教えていたことがあり、そこで教え子だった母を見初めたらしい。

やがて2人は結婚し、1929（昭和4）年10月4日、山内家7代目の嫡子として私が生まれた。母は19歳だった。しかし、幸せに見えた結婚生活は長くは続かなかった。27歳の若さで父が急死したからだ。

父の死因は病死と聞かされていた。だが、私が27、28歳のころ、本当のことを教えられた。教えてくれたのは村のお医者さんの奥さんだ。父は医師から結核と告げられ、それを苦にして自殺したということだった。

戦前から戦後にかけ、日本人皆が貧しかった時代、結核は伝染性も強く、〝死の病〟と恐れられていた。父が結核になった31（昭和6）年ごろは病気に対する偏見も強かった。山里であればなおさらで、結核病患者は嫌悪され、村人は家の前を避けて通ったという。

たとえ病気が改善しても父は教育者として教壇に立つことをはばかられたかもしれず、わが身の行く末を嘆いて自ら死を選んだのではないだろうか。

父の死後、母は再婚することになった。当時は〝家の存続〟が重く考えられたからだ。山内家の縁者が家の今後を話し合い、跡取りである私はまだ幼少に過ぎるし、母はまだ若かったので、婿養子を迎えることになった。こうして私には義父ができたが、家の財産その他はいずれ私が継ぐことになる。婿に入ったのに家を継げないとなると、義父としては面白いはずはない。母と義父の間には生まれたばかりの幼子、私にとっては異父妹ができたわけだが、その生活は短いものだった。

在りし日の父

苦渋の選択

跡継ぎの私はどのみち山内家を離れられない。せめて妹だけでも両親のいる家で育てることにして、母は妹を連れて義父と一緒に家を出た。苦渋の選択だったと、後になって母から直接聞いた。

こうして私は3歳からおばあさんである山内くらと2人きりで暮らすことになった。だがある日、小学校に上がる前だったと思うが、母が迎えに来て名古屋で一緒に1日過ごしたことがあった。私を不憫《ふびん》に思ったおばあさんの計らいだったかもしれない。

母は私を中村公園に連れて行ってくれた。その後、義父と住む家に連れて行かれたが、そこで異様な光景を目にした。私の記憶では、部屋には編み物がほどかれて毛糸が散乱し、着物が切り裂かれて放り出されていた。母の顔色が変わった。義父を恐ろしく怖い人だと思った私は「帰る」と言って村に戻った。母はひと晩でも私を泊めるつもりだったかもしれない。だが、義父は私に対して強い嫉妬や憤りを感じていたのではないかと思う。

その後、成人するまで母と会うことはなかった。それでも母は、小学校入学前の私に、自分で編んだ毛糸の服を送ってくれたり、私を気にかけてくれていたようだ。

さて、おばあさんはいつも「般若心経」を唱えていた。仏壇に手を合わせていたおばあさんの丸い背中とともに「般若心経」の一言一句はしっかりと脳裏に刻み込まれた。仏さんの前では手を合わせることが自然と身についているのも、おばあさんのおかげに違いない。幼児時代は、寂しくていつもおばあさんについてお経を聞いていた。

おばあさんとの2人暮らしでは、家の中はひっそりしていた。やがて私は小学校に入学し、そこでも辛い思いをすることになる。

私を育ててくれたおばあさん（後列右から２人目）と幼いころの父（前列左端）

小学1年生の遠足

私は親の背中ではなく、おばあさんの働きぶりを見て育った。それは時に寂しさも感じる暮らしだったが、両親のいない孫を幸せにしようという、おばあさんのありあまる愛情を折にふれて感じた。

１９３５（昭和10）年、小学校に入学した。入学式には、お母さんたちはきれいな着物を着てやってきた。だが、私のおばあさんはもんぺ姿だった。子ども心にきれいなお母さんをうらやましいと思った。親に手を引かれた子たちははしゃいでいたが、私だけは場違いなところにまぎれ込んだようで、隅っこでじっとしていた。

1年生の遠足での辛い思いも忘れられない。遠足の日の朝、庭先に新品の豚革の靴が置いてあった。ランドセルには落花生、ゆで卵、おむすび、当時の子どもに大人気だったキャラメルも入っていた。私は大喜びで学校に向かった。おばあさんはそんな私を目を細めて送り出した。

ところが、学校に着くと同級生たちは軽装で運動靴をはき、リュックサックを背負っていた。先生も「何でお前はランドセルなんだ？　しかも革靴だと、足の指にマメができるかもしれんぞ」と思案顔だ。

当時の小学1年生の遠足は、村内にある幾つかの小学校を訪ねて歩くというものだった。訪問先の学校の生徒たちが私の格好を見て、指差して笑った。「何で遠足にあんなもんしょってるのや」と。その時の悔しさと恥ずかしさは言葉にならなかった。

家に帰ると、半泣きになっておばあさんに訴えた。

「なんであんな格好させるんや。みんなリュックサックを背負っていた」

おばあさんはリュックサックを知らなかった。

おばあさんはきっと、どこか遠くへ旅に出すつもりで良い装いをさせようと思ったのだろう。親のいる子に負けないようにと、高価なカバンと革靴をそろえた。それが逆効果になっただけに、おばあさんも切なかったに違いない。今にして思えば、おばあさんの一所懸命な愛情が痛いほどに分かる。

だが、辛い思いはそれだけではなかった。

かつての小原村の風景（1955 年前後）

辛かった学校行事

おばあさんは私を愛情いっぱい育ててくれたが、父兄参観日でも学校に来ることはなかった。畑仕事が忙しかっただろうし、お母さんばかりの中に自分がいては、かえって辛い思いをさせると考えたのかもしれない。とにかく、誰も来てくれないので寂しい思いをした。

分けても寂しかったのは運動会だ。当時の運動会は一家総出で子どもの応援に駆けつける、大切な家族行事だった。お昼の時間には、家族みんなでお寿司やおにぎりなどのご馳走を囲む。だが、おばあさんが来ないので私は1人だ。わが家には男手がなかったので、おばあさんは寸暇を惜しんで畑仕事に精を出していたのだろう。しかし、やはり両親のいる家庭がうらやましかった。

こうした寂しさ、辛さを跳ね返そうと、私はひたすら勉強した。それが後年の「負けじ魂」を育ててくれたようにも思う。

それでも両親のいる子とはハンディキャップがあった。おばあさんは明治の古い時代の育ちで学校を出ておらず、漢字が分からない人だった。そのため、おばあさんには字を教えてもらえない。それで2年生の時だったと思うが、先生が今で言う参考書を1冊くれた。これがものすごく便利で大いに勉強の役に立った。その優しい先生のことは今でも忘れられない。

おばあさんは無学だったが、私を立派に育てることには必死だった。それに、言うことを何でも聞いてくれる甘いおばあさんだった。「自転車がほしい」と言うと「まず待っとれ。一所懸命働いて買ってやる」と宣言した。「我慢する」ことが当たり前の時代だ。おばあさんは「まず待っとれ」が口グセだった。

おばあさんは夜も遅くまでわらじを作り、せっせと働いた。見よう見まねで、私も自分のわらじを作った。小学1、2年生くらいのころはわらじをはき、かすりの着物で学校へ行っていた。

私が通った道慈小学校（1942年撮影）

薬草の知識

小学1、2年生くらいのころは着物で学校へ行っていたが、3年生か4年生の時に初めて洋服を着た。当時、まだ高かったから、おばあさんは可愛い孫のために無理して買ってくれたのだと思う。

家は麦と稲を作っていた。他にタケノコを掘ったり、竹の皮を売った。また、水車小屋を持っていて、1銭5厘で米をついていた。多少、山もあったので、物入りの時は木を売っていたようだ。

小原村は裕福な農家が多く、わが家は普通規模だった。戦前はおばあさん1人では無理なくらいの田畑があり、人も頼んで農作業をしていた。私も山へ薪を取りに行ったし、餅つきを手伝った。自分で言うのもなんだが、餅つきはなかなかうまかった。

よく手伝ったが、失敗もした。ぼた餅を作るのに、釜の中のご飯をすりつぶしていたら、ちょうど風邪を引いていて鼻水を釜の中にたらしてしまい、えらく叱られた。

おばあさんはキノコ採りの名人でもあった。キノコが生えている秘密の場所もよく知っていて、まだ小さかった私に教えてくれた。

薬草の知識もちゃんと伝授してくれた。腰痛に効くセンブリは煎じて飲むと良い。ニシキギの葉は、とげが刺さったら噛んで貼り付けておくと、とげが抜ける。どくだみは煎じて飲むと体に良い。また、そうした薬草がどの季節にどこに生えるかなど、まだよく理解できない私に一所懸命教えてくれた。60歳を過ぎてから孫の面倒を何もかも見るのだから、大変な役割を担わされることになったわけだ。

小学2年生くらいまでは1人で寝るのが怖く、おばあさんが村の寄り合いに出たり、2カ月に1回くらいの割合で行われていた、村の歌舞伎芝居を見に行く時もついていった。

小学生のころ、近所に家は7、8軒あったが、私はガキ大将ではなかった。家の前の小川で魚を捕まえ、田んぼではドジョウを捕まえ、山で栗を拾って遊んだ。それでもおとなしい子だったと思う。ただ、そういう年代に、小原の山、自然の中で1人たたずんでいたことは、図らずも今の仕事に大きくつながることになった。

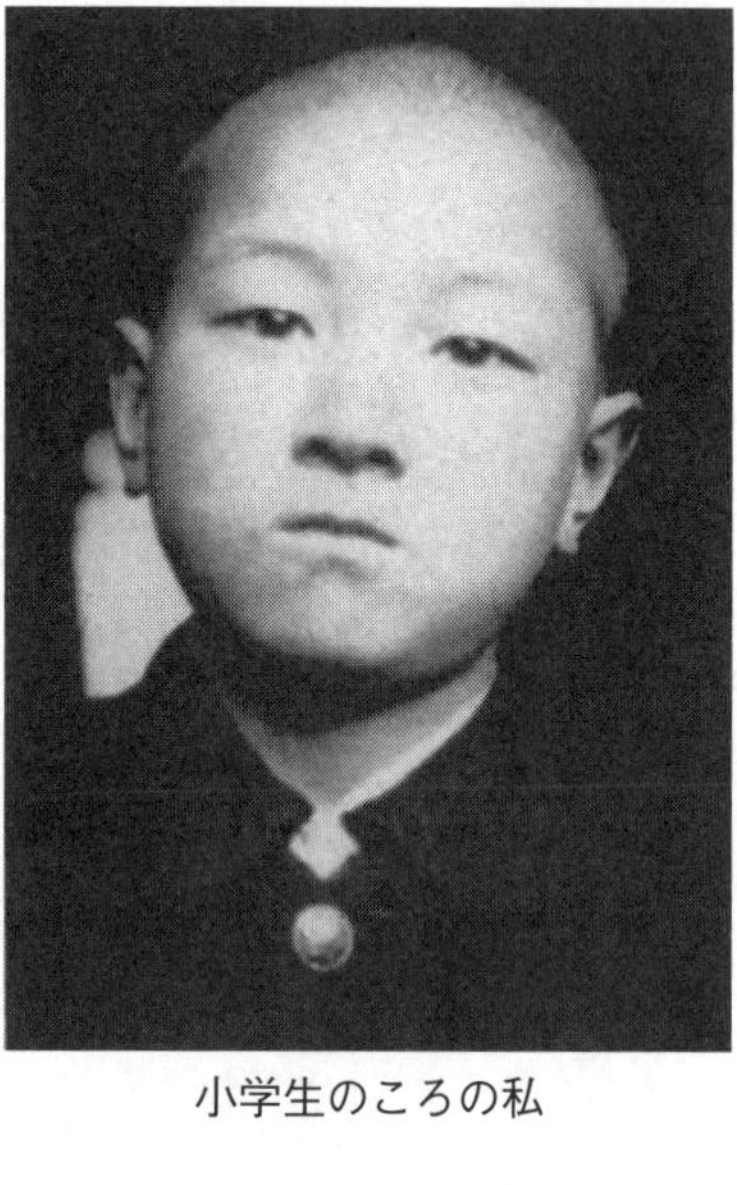

小学生のころの私

得意だった絵画・書

小学生のころは、大きくなったら自動車の運転手になりたいと思っていた。たまに村に自動車が来ると、家の前の坂をうまく上れずにエンジンが大きな音を立てて止まってしまう。エンジンをふかすと、ガソリンの匂いがパアッと広がる。その匂いが好きで、車の後ろにぶら下がって遊んだ。そのころの子どものほとんどがそうだったように、自動車は素晴らしいと思って憧れた。

そんな私は、将来、今のような仕事をするとは夢にも思っていなかった。ただ、小学校に入ったころから絵を描くのは好きで、他の子たちより上手だった。5年生の時には「航空記念日」の絵の募集に応募し、空中戦の様子を描いた私の絵が愛知県知事から表彰された。新聞社が主催していた写生大会でも賞をもらっていた。また、書も校内に貼り出されていたので、絵と字については同級生からも一目置かれていた。

また、家に1人でいることが多く、よく勉強した。学校でも作文と体操を除けば、他の科目の成績は良かった。

1年生から6年生まで、級長にも選ばれ続けた。級長の選挙では、私以外の皆が私に投票した。自分で言うのもなんだが、クラスの仲間からの信望があったと思う。卒業式でも総代として卒業証書を受け取った。

もっとも、おばあさんは私の成績にはあまり関心がなかったようで、賞状も通信簿も見なかった。漢字が読めなかったからかもしれないが、喜ばせて何か買ってもらおうと考えていたのでいささか拍子抜けだった。それでも、おばあさんは私に並々ならぬ愛情を注いでくれた。

小学6年生の時、おばあさんは手土産を持って当時の担任だった加藤豊先生のところへ行った。そして先生にある頼みごとをしたのだが、私はそんな事情を知らなかったので、先生が私に「お前のおばあさんは素晴らしい人だ」と言っても何のことか分からなかった。「字も読めんでちっとも素晴らしくない」と言ったら「何を言うか」と叱られてしまった。

自転車に乗っている私

中学校に合格

「いずれ私は死んでいく身だで、孫だけは上の学校へやっとかないかん。父親も母親もおらんから、せめて学校だけは私の力で出してやらんと、将来私を恨むことになるやもしれん。そうなったら悲しいから、頼むから上の学校だけは行かせてください。その蓄えも何とか用意してあるで」

小学6年生の時、おばあさんが私の担任の先生のところへ行って頼み込んでくれた。

当時、村で中学に行くのは1人か2人くらいしかいなかった。考えてみれば私の父も師範学校に行っていた。また、日本の大陸侵攻で関心の高かった中国へ旅行させて見聞を広めさせたと聞く。当時としてはとても進んだ考えを持ったおばあさんだったと思う。

そんなおばあさんのおかげで、私は豊田市街地にあった愛知県挙母中学校（現・豊田西高等学校）に進学した。1941（昭和16）年のことで、私の小学校から3人が受験して合格したのは私だけだった。合格を知った日のおばあさんのうれしそうな顔は、今でも忘れられない。おばあさんは早速、仏壇の父に報告し、私も手を合わせた。おばあさんの小さな背中が小刻みに震えるのを見て「がんばらなくては」と強く決意した。

中学で使う真新しい教科書を見て、おばあさんは感に堪えぬようだった。手塩にかけた孫が曲がりなりにもここまで育ったことへの感慨があったのだろう。私も、その新しい教科書に自分で名前を書くのが、なんだか教科書を汚すようでもったいなくて、小学校の担任の先生に名前を書いてもらった。

中学校へは小原村から通える距離ではなかった。そこでおばあさんが挙母町（現・豊田市）内に下宿先を探してきてくれた。下宿代は月15円に米1斗5升という、当時としては大変高額だったそうだ。県立中学の月謝が5円50銭だった時代だ。そんな下宿に住むことができたのも、孫かわいさゆえにおばあさんが大変な努力をしてくれたからだと、思い出すたびに胸が熱くなる。

挙母中学校の正門（1945年、「豊田西高等学校写真50年史」から）

危篤の知らせ

　小学校を出たばかりで始めた下宿生活は、やはり心細かった。夜になるとわが家恋しさに泣けて、泣けて、学校へ行く気力も失せてしまった。ただ、おばあさんに会いたいばかりだった。

　これには下宿のご夫婦もさすがに見兼ねたようだ。1カ月くらいの間、自分たちの部屋に私を寝かせ、添い寝をしてくれた。それだけで私も安心してぐっすり眠ることができるようになり、そのうち、友達もできて何とかホームシックから抜け出すことができた。

　やがて中学生活最初の夏休みを迎えると、私は小原村に飛んで帰った。4カ月にも満たない挙母町での暮らしだったが、故郷がとても新鮮に見えた。そして久しぶりに見るおばあさんの顔。中学生の私をまぶしそうに見やり、やはりうれしそうだった。

おばあさんの手料理に勝るものもなかった。私はおばあさんの畑仕事も手伝い、満ち足りた夏休みを過ごした。だが、それがおばあさんと過ごす最後の夏休みになるとは夢にも思っていなかった。

中学生としての自覚もでき始めた、1年生の3学期の終わり。1942（昭和17）年3月16日。おばあさんが危篤との知らせを受けた。学期末試験が終わり、いよいよ春休みが始まるというころだった。

実は、おばあさんは年が明けてまもなく脳卒中で倒れていた。それ以来寝込み、私の伯母が面倒を見てくれていた。

私は挙母町の下宿から小原村まで必死に自転車を漕いだ。早春とはいえまだ風が冷たい中、2時間かけてわが家にたどり着いた時には、汗で全身びっしょりだった。しかし、時既に遅く、おばあさんは冷たくなっていた。

あぜんと立ち尽くす私に親戚が「おばあさんに会って来い」と言うので、奥の暗い部屋に寝かせられていたおばあさんの枕元に座った。「なんで、死んでしもうた」と言いながら、冷たくなったおばあさんの頬を何度もなでた。

「この先、俺はどうなるのだろう」

ぼんやりした頭の片隅で、そんなことを一所懸命考えようとしていた。

挙母中学校の合格発表の様子（1940年、「豊田西高等学校　写真50年史」から）

身に付いた処世術

危篤の知らせを受けて駆けつけた私を待っていたのは、既に冷たくなったおばあさんだった。死人は怖いと思い込んでいたが、恐怖心はなかった。おばあさんが愛おしく、ショックで涙も出なかった。

そんな私を親戚の人が呼ぶので行くと、慈愛の目が私に注がれていた。親族会議の結果、中学を卒業するまで、親戚一同で面倒を見ることになったので安心しろという。親戚の人たちの情の深さに涙があふれ出た。

この時、おばあさんは72歳だった。夫は58歳で亡くなり、何より息子、つまり私の父は27歳の若さで早世している。晩年は孫を育てるために働きに働いた。私にとってはかけがえのない、母親以上の存在だった。

これは中学1年生、13歳の、まだ寒い春先のことだ。

そんな悲しみもあったが、中学時代の私は友人に恵まれた。太平洋戦争が始まったのは私が中学に入学した年の12月。それで学校からも赤と白の手旗信号の旗を作ってこいという課題が出された。みんなは母親に手伝ってもらって用意するが、私はそうもいかない。すると、隣の席だった永山保男くんの母親が、私の分を用意してくれた。世の中には仏さまのような人がいると思ったものだ。

戦時下で、そのうち食べるものも不自由になってくると、食べ盛りの少年としては、下宿の食事だけでは腹が減って仕方なくなる。そんな時も、農家の友人が休みの日などに家に連れて行って食べさせてくれた。

2年生に上がると、夏休みが待ち遠しい友人たちと違って、夏休みが嫌になった。おばあさんがいないわが家に帰っても仕方ないと思ったからだ。伯母さんの家に行ってもよかったが、遠慮もあった。

それで夏休みは友人の家を転々と泊まり歩くことにした。1人で世の中を渡っていかなくてはいけないとなると、動物としての本能なのか、要領が良くなって、ニワトリや豚を飼っている裕福な農家の友人をつくっていた。こうした処世術を中学時代から身に付けていた。

挙母中学校の表札（「豊田西高等学校
写真50年史」から）

両親への思い

あっちに2日、こっちへ2日と、その家の両親の顔色を見ながら泊まった。友人が「まだいろよ」と言ってくれても、親の態度を見てこちらからおいとますることもあった。両親がいてちゃんとしたねぐらがあるのはうらやましかったが、それを顔に出すわけにはいかなかった。

いつだったか、伯母さんの家にいる時に風邪で寝込んだことがあった。従兄《いと》弟《こ》も一緒に風邪をひいたが、従兄弟は母親に甘えて看病してもらっていた。こっちは遠慮があり、口が渇いて水を飲みたくても「水をください」が言えない。熱が出てフラフラだったが、何とか起き出して井戸まで行き、自力で水を汲んで飲んだ。母親がいないのが無性に悲しくなり、おばあさんのことも思い出され、頭から布団をかぶって声を押し殺して泣いた。

幼年時代は、おばあさんがしっかり面倒を見てくれていたので、母親に対する思いはあまりなかった。単純に「お母さんのいる人はいいな」と思っていたくらいだ。小学生のころは「俺を捨てていった」という憎しみが強くなっていた。それが中学時代になると、友人に恵まれて戦時中ながら楽しく過ごしていたので、その憎しみも少しは薄れていた。

ただし、父親もいないことが心に刺さることがあった。例えば、下宿の友人のところにその子の父親が来て、英語の勉強を手伝ってくれたという話を聞くと、つい自分にも両親がいたらいいなと考えてしまった。まして、父親と違って母親はまだ生きているのだ。

中学生となると正義感も強く、私の母のことを知って、

「お前みたいな良い奴を捨てるなんてとんでもない。よそで生きているなら俺が行ってひっぱたいてやる」

と激昂する友人もいた。

もちろん母親のことばかりを考えていたわけではない。私なりに胸を張って生きていたし、また軟弱な考えを吹き飛ばすような、激動の時代に突入していた。

緑色に白い桜を載せた挙母中学校の
校旗（「豊田西高等学校　写真50年
史」から）

あの夏のこと

第2次世界大戦が本格化すると、いよいよ授業もろくにできなくなってきた。中学2年生になると、トヨタ自動車の機械工場で上陸用舟艇のエンジンを加工するために学徒動員された。3年生の夏に敗戦を迎えるまで、お国のために一所懸命働いた。

農家の友人が豆を持ってくると、鉄かぶとや飯ごうで煎って食べた。食べることしか楽しみがなく、このころの思い出はただ腹が減っていたことに尽きる。

学徒動員だけではなく、近くの農家への勤労奉仕にもよく駆り出された。戦争に人手を取られた家へ、麦を刈ったり、サツマイモを掘ったりする手伝いに行くのだ。そんな時のわれわれの話題は、行く先の家で出される昼ご飯のことだった。

当時は挙母町に伊保原飛行場があり、赤トンボと呼ばれた練習機が飛んでいるのをよく見た。兵隊さんがお休みで町に来ると、私たちは調子のいいことを言ってはキャラメルなんかをもらった。当時は夢のような貴重品だったから大喜びだった。

小原村でも多くの戦死者を出した。アメリカの戦闘機の機銃掃射もあり、その時に疎開児童が1人死ぬということもあった。従兄弟の1人も、招集されて帰ってこなかった。従兄弟は特殊潜航艇の乗員で、ドイツに向かう際に「無事に着けば良いが、着く前に沈められるようなら日本は負ける」と言い残したそうだ。新しく開発された兵器を運ぶ大役だったそうだが、インド洋の辺りで沈められた。従兄弟の言葉通り、日本はまもなく負けた。

敗戦の玉音放送は動員先の工場で聞いた。ギラギラと焼けつくように暑い真夏の日だった。虚脱したような気持ちになり、これから日本はどうなるのかという不安を抱いた。動員されていた学生たちは現地解散ということで、線路伝いに歩いて家に帰った。敵機の来襲のない町は妙に静かで、照り返す暑さをじりじりと感じた。

混乱の夏休みが終わり、私たちは落ち着かない新学期を迎えた。戦後、社会はどう変わっていくのか。全く分からない時代だったが、中学卒業後、私は人生を左右する大きな出会いを経験する。

農家で勤労奉仕を行った挙母中学校の生徒たち
(「豊田西高等学校　写真50年史」から)

藤井達吉先生

勉強する時間もあまり与えられないまま、敗戦の翌年、4年制の旧制中学校を卒業した。若者にとって運のない時代だった。しかし、良い友人たちとめぐり会えたのもこの時代だ。卒業式の後、友人たちが挙母町の下宿から小原村まで距離にして30キロの道のりを、荷物を積んだリヤカーを4人がかりで半日以上引いてくれた。

おばあさんと一緒に過ごした家は、戦時中、疎開して来た人に貸してあった。戦後もその人が出て行かないので、私はおばあさんの弟さんの家に身を寄せ、農家の見習いとして暮らすことになった。おばあさんの弟は山内勝と言い、名古屋に住んでいたが、もともとの在所である小原村に疎開してきていた。後に結婚することになる私の女房は、この山内勝の娘だ。

私の一生を左右することになる藤井達吉先生と出会ったのは、1947（昭和22）年、中学を卒業した翌年であり私が18歳の時だ。藤井先生の故郷は碧南群棚尾村（現・碧南市源氏町）だが、当時は神奈川県真鶴《まなづる》町にお住まいで、45（昭和20）年に小原村に疎開し、5年間村にいらっしゃった。そして村の者に芸術と工芸の基礎から、紙漉《す》き工芸の何たるかまで教えてくださった。

最初、先生のことを「私利私欲のない素晴らしい絵描き」だと聞かされた。独身を通されていて、紙についての造詣も深く、村の和紙を美術工芸として高める意欲に燃えている人だということだった。

小原村の和紙の歴史は古く、製造技術が村へ入ってきたのは1496（明応5）年と言われている。江戸時代にはかなりの農家が紙漉きをしていた。1876（明治9）年の戸籍簿では、村内の27戸が紙漉き業に従事していたとある。昭和の初めの不況の時代も、農村の殖産業として奨励され、1935（昭和

10）年ごろが最も盛んだったという。障子紙、傘紙、お札紙を作る紙漉きは村の大きな産業の一つになっていた。
そんな小原村の和紙産業と藤井先生の出合いは戦前の32（昭和7）年までさかのぼる。先生から村に図案集に使う和紙の注文があり、村の職人が美術的な和紙の制作指導も受けた。

桜の花をあしらった挙母中学校の校章（「豊田西高等学校　写真50年史」から）

野武士の風格

藤井先生は、小原村の人たちがとても純朴だったことから村を気に入り住まわれた。

当時の小原村村長は先生の支持者の1人だった。村の和紙を芸術品に高めようということだったので、村の若い衆に先生から教えを受けるようにと声を掛けた。私もおばあさんの弟から先生に会いに行くよう勧められた。

村の紙漉き職人たちが先生の指導を受けて合作し、日展に初入選した風炉先屏風「吊し柿」を見て、私も和紙工芸をやってみようと考えた。それに、この指導者とはどんな偉い人なのかと興味を持ち、会ってみたくなった。

しかし、私の家には紙漉きの技術は伝わっていなかったので、先生の家に伺う前に紙漉き職人から障子紙の基本的な漉き方を教わった。

先生は村はずれの山地を買い求め、幾棟かのアトリエと家を建てて住まわれていた。山頂から小原の里が一望できる場所だ。私は太い竹が茂る急な坂を登り、少しドキドキしながら先生に会いに行った。

私は、先生の風貌に圧倒された。水戸黄門のようなひげを生やし、帽子をかぶって杖をついていた。その立ち姿は野武士のような風格をたたえ、優しい目の中にも強い光があった。先生はまだ70歳前だったと思うが、18歳の少年はすっかり心酔しきっていた。

先生は私の目をじっと見据えてこうおっしゃった。

「ここは野の草や花がいっぱいある里だ。君は路傍に生えている草花を毎日スケッチして来なさい。切花はいかんよ。水が落ちて生命が失われている」

夏は午前7時、冬は8時までに先生の家の門をくぐり、あいさつすることも課せられた。

47（昭和22）年、こうして作家としての修業時代が始まった。これがとんだ艱難《かんなん》辛苦の日々になろうとは、18歳の私は知るはずもなかった。

恩師・藤井達吉先生

試された「やる気」

早速、スケッチを描いて持っていったが、最初は真剣さが足りず、いい加減な気持ちがあった。1カ月ほどたったある日、朝早くからサツマイモの苗植えを手伝うことになった。そのうち、藤井先生の家に行く時間になったがスケッチの時間もなく、私は手ぶらで行った。先生に朝は農作業を手伝っていたと言い訳をしたら、大きな目をギョロリと光らせて「用事があるならなぜ30分早く起きん。君は忙しい人だね。私も忙しいから帰りたまえ」と追い返されてしまった。これでくじけてはおしまいだと思い、翌日は早く起きてスケッチを持って行ったら、昨日の怖い顔とは違って笑顔で見てくれた。

そして「明日からは描いてこなくていい」と。見込みがないからもう来なくていいということだと思った。私の描いた絵など、先生から見ればミミズがはったようなつまらない絵だ。私がそんなことを言うとこうおっしゃった。

「つまらんことは初めから分かっている。君たちにやる気があるかどうかを試しているのだ。やる気のない奴には教えたくない」

私は〝やる気のある奴〟とお墨付きをいただき、晴れて先生の弟子の1人になることができたというわけだ。

とにかく忙しい時期でも田んぼのあぜ道で田んぼやミミズをスケッチしまくっていた。すると近所の人が絵をのぞき込み、「お前もいよいよ〝藤井ボケ〟になっちまったな」などと言ったものだ。20人近い若者が先生に教えを乞うていたから、村のあちこちで写生している姿が見られた。家業も省みずやっているので、いつの間にか私たちは〝藤井ボケ〟と呼ばれるようになった。

見ると、他の人はピカピカの新しい自転車に乗っている。そのころは食糧難で、ヤミ米で稼いでいる者もあった。こっちはブレーキもきかないオンボロの自転車だ。「今に見ていろ」と、逆に励みになった。

藤井先生（左から２人目）と小原村の若者たち（左端が私）

辛辣な物言い

藤井先生は、紙漉きはあまり詳しくなかったが、漆、油絵、日本画、金工、焼き物など、美術工芸に関しては幅広い知識を持ち、実に造詣が深かった。その上で、彫刻も油絵も日本画も、美術は一緒に並べて平等の審査を受けなければならないという考えを持たれていた。

「勲章や地位とか名誉なんて芸術家には関係ない。文化勲章なんてしゃらくさい。100年たてばそんなもんは忘れ去られていく」と言ってはばからなかった。「本当の芸術家は100年たって利害関係のない人が見直した時に本当の価値が出る」と言うのだ。そのためなのか、一部の人には高く評価されたが、世間に広く知れ渡る芸術家ではなかった。だからと言って、先生は貧乏ではなかった。六曲屏風を皇室への献上品として納めもしている。何人かのパトロンもいて、むしろ裕福だった。

先生が買った山ではイチゴを作り、モモの木を育て、自給自足ができた。戦後すぐなのにキャラメルや落花生、パン粉も十分にあって、先生のお宅では3時になるとおやつが出た。甘味が乏しく、砂糖の入手すらままならない時代だから、食べ盛りの私がおやつを心待ちにしていたのも無理からぬことだ。正直なところ、おやつに釣られてせっせと通ったと言えなくもない。

さて、毎朝のスケッチの課題はなくなったものの、先生の口うるささは並大抵ではなかった。「小原の村の者には人間らしさがまるでない」なんてことを平気で言う。まだ若くて怖いもの知らずだった私が「どういうことですか?」と尋ねるとこうおっしゃった。

「物事の基礎がない。あいさつもできん。家に入ってくるにも声もかけん。もののの言い方を知らん。犬や猫と一緒だ。この村では仕方ないが、君たちを相手にしているとわしの知能も低下してしまう。それはわしの運命だとあきらめているが」

そんなわけで箸の上げ下ろしからお茶の作法までいちいち注意された。先生の口うるささはとどまることを知らなかった。

小原村に建てた藤井先生宅の門

先見の明

毎日スケッチをしていて、もう描くものがないと言うと「君の家の前には梅の木がある。あれを描いても1年描ける。春には春を、冬には冬を描ける。虫でも鳥でも四季を知って飛び、さえずるが、小原の奴は四季を知らん。子作り田作りに明け暮れ、文化のかけらもない」と吐き捨てた。

さらに「田んぼを作って子どもをつくるだけでは文化は生まれん。犬や猿と一緒だ」と続けた。文化とは何かと尋ねると「良い服を着てうまいものを食べ、すごい家に住むことだ」と教えてくれた。

それにしてもあまりにもひどい言いように、私は抗議した。私には物怖じしないところもあって、先生も「ちょっと変わっている」と思っていたようだ。

しかし、後になって考えると、先生のおっしゃったことは先見性に満ちた鋭いことばかりであり、こういったこともおっしゃった。

「日本が復興して世の中が落ち着いてくれれば、必ず手工芸の良さが見直される。だから君たちは僕の話す技術を習え。紙漉きにも付加価値をつけると〝金の成る木〟になる。産業の母胎は芸術なのだ。文化があるところには必ず産業が栄える。君たちは農村美術館をつくりなさい。そして土台石になりなさい。そうすれば道ができ、鉄道が敷かれる。一大文化村をつくるのだ。君たちが80歳になるころには、ニューヨークに日帰り旅行ができるようになるだろう。文明国は機械産業が発達する。そうすれば逆に手工業が見直されるだろう」

戦後まもない、食べるものにもことかく時代にそんなことを言われても素直にうなずけるわけもなかった。突拍子もないことを言っていると、私たちは思っていた。しかし、先生の情熱はすごかった。１９５０（昭和25）年に小原村を去る時には、小さな規模だが紙工芸品を展示する農村美術館を村内につくらせた。このような美術館は、当時としては珍しかったと思う。

自身の作である屏風を背にする藤井先生

藤井先生の教え

藤井先生が小原村にいらっしゃった5年間で学んだことは数限りない。自然をスケッチして自然の習性を分かった上で省略するのは良いが、上下が分からないような、幾何学的な理論ばかりのものは一切認めなかった。先生は徹底的な写実主義で、「分かる絵を描け」と言っていた。「駅長になるにも、切符切りからやらないと本物にはなれん。納得して省略した図案なら良いが、知りもせんで、いい加減に描くな」というわけだ。

芸術をやっても将来は分からないし、やめようかと悩んだこともあった。しかし、先生に「身についた芸術は荷物にならん。どこでもできる。地震にも強いし、泥棒にも盗られないし、落としもしない」と言われると、芸術が身につけばこれほど強いものはないと思えてしまう。

先生の教えは厳しく、私たちはぼろくそに言われたが、ただ先生についていった。紙を重ねて作った一閑張りの箱に、それより大きな器を入れてみろといった難題も出された。「できない」と言うと、先生は目をぎょろりと光らせて「5分でやってみせる」と言い、その通りやってのけた。なんのことはない、箱を水に漬けると、紙なので2、3分で柔らかくなる。そこに大きな器を押し込むと簡単に入ってしまった。タネ明かしをすれば簡単だが「なぜ頭を使わん」と、えらく叱られた。

もちろん怒るだけではなく、やる気を出させることも知っておられた。私のこともこう励ましてくれた。

「お前は勉強もしないし本も読まん。だが、後ろを向かずにがむしゃらにやる。お前はどうしようもないが、孫か4代先くらいに期待をかけておる。後継者をつくるのがお前の役目だ。商売人と言われようが後ろを振り向くな」

〝やらん奴〟より〝やる山内〟のほうがマシというわけだ。
先生の芸術論議は、作品と取り組む私の血となり肉となった。

藤井先生と先生のお姉さんのすずさん

初めての東京

藤井先生の弟子になって1年ほどした1948（昭和23）年ごろだったと思うが、先生の紹介で東京の白木屋（現・東急百貨店）に行ったことがある。当時の専務、岡清三さんを訪ねるためだ。まだちゃんとした作品もできていなかったが、将来を考えて会っておくようにという配慮だったと思う。

初めての東京行きで借り物の靴を履き、仲間の小川喜数《よしかず》くんをはじめ4人で上京した。山手線では、スリにカバンを切られて、せっかく持って行ったおにぎりを盗まれてしまった。東京の世知辛さに驚いた。

夜は、岡さんの自宅に招かれたが、玄関で靴を脱ぐ時、借りた靴が左右、違っていたことに気付いた。情けなくて、靴ぐらい自分で買えるようになりたいと思った。

また、風呂にも入れさせていただき、こうこうと明かりのついた浴室、入るのがもったいないほどきれいなお湯にも驚いた。そんなことが田舎の青年らしいエピソードとして懐かしく思い出される。

岡さんとのつながりはその後に生きて、白木屋で瀬戸の作陶家と小原村の紙工芸家による展覧会を開くことができた。岡さんは美術に目の利く人で、藤井先生の後援者でもあった。そもそも、小原村で紙工芸に関わることを先生に勧めたのが岡さんだったという。

白木屋で展覧会を開くのはまだ先の話で、和紙工芸への道を歩き始めた私は、とにかく貧乏だった。描いた絵を持って名古屋の社長を訪ねても突っ返された。だが、多感な青年時代には楽しみもあった。室町時代の中期に開拓されたという小原村は古くから地芝居が盛んで、それが小原歌舞伎として発展した。今も豊田市無形民俗文化財として上演されている。

前にも述べたが私のおばあさんも村芝居の大ファンで、小さいころから一緒に見物した。長じて19歳から3年間くらい、私はこの村芝居の名女形として鳴らしたのだ。恐らく、私が出演したころが小原歌舞伎の戦後の全盛期で、「一谷嫩《いちのたにふたば》軍記熊谷陣屋の段」での熊谷直実の妻、相模は私の当たり役の一つだったと言ってもいい。

小原歌舞伎で女形を務める私

姉さん女房

藤井先生は独身主義だった。芸術家たるもの、嫁をもらっちゃいかんという。嫁をもらえば、嫁や子どものために稼がにゃならん。欲も出る。欲が出ると妥協する。それは本当の作家ではない、というわけだ。

私には芸術のために独身を貫くなんて気持ちはなく、21歳の時、三つ年上の姉さん女房と結婚した。1950（昭和25）年のことだ。相手は敏江といって、私のおばあさんの弟の娘、つまり私の父の従兄弟だ。おばあさんの姪《めい》でもあり、小さいころから私と一緒になってくれと言われていたという。

女房の方はこの結婚についてだいぶ悩んだらしい。女房は椙山女子専門学校（現・椙山女学園大学）で裁縫を学んだ。農家仕事の経験はまるでなかった。おまけに姉さん女房にも抵抗があったかもしれない。それでも最終的に結婚を決意したのは、私のおばあさんの遺言だったという。女房は小さいころから私のおばあさんに可愛がられていて、その気持ちを裏切ることができないと思ったらしい。

結婚式は派手なものではなかった。両方の親戚、といってもお互いが親戚だから顔見知りの縁者が集まって女房の家で簡単に行った。新婚旅行なんて気の利いたこともせず、御園座に芝居を見に行ったくらいだ。

先生は私の結婚を聞き、「お前もだめになる」と言って私を叱った。結婚の翌年には長女の潤子が生まれたので報告に行ったら「ご愁傷さま。もう君には期待しない」と言われてしまった。

このころは、家の者に〝鉄砲玉〟というあだ名をつけられていた。朝出て行くとそれっきり、先生の家に行って帰ってこない。農作業が忙しい時は行かないこともあったが、しょっちゅう入り浸って作品を先生に見てもらったり、楽しく過ごしていた。しかし、作品はまるで売れず、子どもができて生活は苦しくなるばかりだった。

20代のころの私（左）と中根先輩

和紙工芸は金にならん

結婚当初の数年間は、女房の実家で暮らしていたので、私も肩身の狭い思いをしていた。その後、おばあさんと過ごした家に移ったが、私は夜も遅いので朝寝坊することが多かった。名古屋育ちの女房は農村では目立つことになり、農作業も大変な上に亭主は〝鉄砲玉〟ときて、イライラすることもあっただろう。

藤井先生のところから帰ってくると、「あんたの分は残しておいたわよ」と言うので田んぼに行ってみると、田をすくスペースが私の分として残されていた、などということもあった。

それでも、私の心はどうしても紙漉きのほうに向いていた。先生のおっしゃる、今までにない和紙工芸による新しい芸術を創り出す情熱に燃えていた。

和紙の原料のコウゾなどの繊維を多色に染め分け、細かくちぎって和紙の上に並べ、思い思いの絵柄を描き、その上に原料を薄くかけて漉き重ね、干して乾かす。それが和紙美術工芸だ。この方法を思いついた先生の独創性はすごいと思う。

しかし、先生の教える通りに作ってみても、障子紙のように売れてくれなかった。辞めていく仲間もいた。村の人には私たちは怠け者と映っただろう。〝藤井病〟というあだ名も奉られた。私が結婚した年、先生は故郷の碧南市に帰られた。

「和紙工芸は金にならん」と誰かが言うと、先生は笑ってこうおっしゃった。

「君たち農家は食うに困らんじゃないか。栄耀栄華を望めば切りがない。新しいことはそんなに急にはうまくいかんが、将来は必ず明るい」

だが、私たちが待ち切れるわけがなく、しかも、日本は戦後の〝貧乏が当たり前〟とされた時代を脱しようとしていた。世間は１９５０（昭和25）年の朝鮮動乱の影響で好景気の波が押し寄せていたが、小原のような山里には関係ないことだった。

〝藤井病〟だった20代ころ

日展への挑戦

結婚して子どもができると、生活は苦しかったが、周囲もみんな同じなので悲壮感はなかった。女房も並大抵の苦労は苦労と思わない世代だ。生活とはこういうものだという共通認識が女房との間にあったと思う。

作家として認められる第一歩は日展入選だ。だから毎年出品していた。1947（昭和22）年に1人、翌年は3人の入選者が村から出たが、それ以降はいなかった。それだけに村の人たちが私たち和紙工芸作家に向ける視線は険しくなっていた。意気は盛んでも現実に芽が出ない以上、次第に沈滞ムードになるのもやむを得なかった。食えなくなって仲間たちも減っていった。

暗い土間の片隅で、1人で紙漉きをする日が続いた。子どもの寝顔を見ながらまんじりともせず考えたこともある。日展に入選しないのは技術的なことなのか、才能がないからなのか。そんな時、あることを思いついた。伝統的な紙漉きでは、限られた大きさの紙しか漉くことができない。紙は竹のすのこで漉くため、あまり重いと竹がしなってしまい、一定以上の大きさの紙は漉けないのだ。だから大作もできない。

52（昭和27）年ごろ、私は竹のすのこに代わるものとして金網の利用を模索していた。春日井正義くんという仲間とともに金網を調達してきて、試してみた。最初は、金網についていた油が紙をはじいてなじまず、うまくいかなかったが、そのうち油が抜けてきてうまく漉けるようになった。

この方法は和紙工芸にとって画期的で、大きな可能性を与えるきっかけとなった。それまでは小さくまとまった作品ばかりだったが、思い切って大きな空間を使う作品にまで表現の幅を広げることになったからだ。藤井先生が教えたのは、スケッチした図案を油紙で型に切り抜き、そこへ原料を流し込む型漉きという、手間がかかる方法だった。だが、大きいものが漉けるようになってからは、ひもを置いたり、しゃもじで波模様を描いたり、自由な発想で作品を作ることができた。

しかし、私の工夫はそれだけではなかった。

竹のすのこの代わりに金網を利用した

ついに日展初入選

工夫したのは化学染料を使うことだった。従来は天然の染料が主流だったが、その入手はかなり骨の折れる仕事だった。栗の木のイガは茶色、カリヤスの木は黄色や緑色、アカネは茜色、くちなしの花は黄色、梅の木の皮はピンクっぽい色になる。材料を煎じて染料を作るのも大変な労力を必要とした。

藤井先生に教わって私が一番よく使ったのは土だ。赤土、青土、黄土は山で簡単に手に入る。しかも、土を水で溶かして絞り出した水が、そのまま染料になった。

先生は天然染料こそ本当の自然の色を出せると考えていたから、弟子には化学染料を使うことを許していなかった。そんな先生の教えに背くことだったが、私はこっそり化学染料を買い求めてきた。

1953（昭和28）年、私は金網で漉き、化学染料を使った作品を日展に出品した。二枚折りの利休屏風にイチジクを描いた作品で、大きさは1メートル60センチ×80センチほどだった。これが日展初入選となった。

何しろ7年くらい落選続きだったので、家族もほとんど期待していなかったようだ。それだけに、女房はもちろんだが、女房の父が一番喜んでくれた。その夜は、1人になってから私は父の遺影に手を合わせ、涙ながらに入選を報告した。おばあさんの顔を思い浮かべ、いつまでも手を合わせた。

翌日、喜々として碧南市に飛んで行き、先生に入選を報告した。調子に乗って「近所じゃえらく褒めてくれている」なんて言ったら叱られた。「入選したからと言って能力が倍になるわけじゃない。舞い上がっていると失敗する。しっかりせい」というわけだ。

ただ、私が化学染料を使ったことには本気で怒った。しかし最後には、世の中の流れには勝てないし、素晴らしいものができればまあいいだろうと、許してくれた。私の周りも次第に化学染料を使うようになっていった。

20代で作品作りに挑んでいたころの
私（右）と友人の今井君

転職も考える

日展入選作は、工芸美術界の新しいジャンルを示す作品との評価を得たが、生活は苦しくなるばかりだった。

次女・尚子が生まれた1954（昭和29）年ごろは、どん底の生活を送っていた。前年初入選した日展も、この年はまた落選だった。プロレスで力道山が活躍し、世は神武景気に浮かれていた。

土地や山はあったが、先祖の土地を手放すことなどはとんでもない話だった。それで金がなくなると、持ち山の立ち木を薪炭用として瀬戸の窯元へ持っていって売った。当時は木を売るのでも「身上をつぶす」と言って白い目で見られたが、これで2年くらいは食えた。

女房の日課は相変わらず農作業だった。また、裁縫はお手の物だったから、仕立てをやって稼ぎ、家計を助けてくれた。その当時のことを考えると全く女房に頭が上がらない。

そのころ、紙漉きの仲間が集まって村に作業所をつくり、ふすま紙を漉いて販売していた。売り上げは作業時間によって分配した。私は昼前に行って午後3時ごろまでしか作業しなかったので、分け前も少なかった。

そんなわけで次女が生まれたころはこのままやっていく自信をなくしていた。それで別の仕事を探し、和紙工芸は空いた時間でやれるならやろうと考えた。当時は教員が不足していて、私もある人に頼んで代用教員になることにした。何と言っても7千円の月給が魅力だった。そのころの我が家の生活レベルで3カ月は暮らせる金額だ。

だが、困ったことに背広も靴もなかった。また、村の小学校の先生をしていた女房が「師範学校を出ていないと教頭にもなれんし、正式な教員になるには相当努力せんといかん。私も洋裁して頑張るから、あんたも頑張ったほうがええ。どうせ貧乏しているならこのままいこう」と言う。それで、父の同級生で私たちの仲人をしてくれた可児逸夫さんという人のところに相談に行ったところ、思いもよらぬ提案をしてくださった。

コウゾを染めるために使う化学染料

人生の岐路

「石の上にも3年と言うが、今は10年くらいは辛抱せにゃいかん」

可児さんに励まされた上、毎月4千円援助してくれるという。

私は「辞めろ」と言われれば和紙工芸作家の道はあきらめるつもりだった。それが援助までしてくれるという。私の入選作も買ってくださった。感涙にむせびながら帰った。

代用教員の口を利いてくれた人にも断りに行かなければいけなかった。これも気が重かったが、女房が「畑仕事もあるで、2、3日考えさせてほしいと言うたらええ。それで分かる人には通じる」と言うので、先方にそのように言うと「そうか、まあよう考えて」と心得た返事をしてくれた。援助してくれると言った可児さんも偉かったが、この人も偉いと思った。人生には必ず岐路があるが、私は本当に人との出会いに恵まれた。

女房もさまざまな岐路を経験してきたと思う。もともと名古屋生まれ、名古屋育ちで、戦争がなければ小原村に疎開してくることもなかった。そうなると私と結婚することもなかったかもしれない。

前述の通り、女房の裁縫がずいぶん家計を助けてくれたし、私がここまでこれたのも女房の力によるところが大きい。何よりも人をうらやまないのが美点だ。人が良い生活をしているからと言って愚痴をこぼすことがなかった。これは男にとって、何よりも仕事に打ち込める力になった。

貧乏のどん底にある時もこう言ってくれた。

「今は井戸の底だから、もう落ちようがない。我慢していればいつかは這《は》い上がって太陽を拝める」

そう自分にも言い聞かせ、自分の辛さも和らげていたのだろう。私がくじけそうな時は女房が励まし、女房が落ち込んでいる時は私がなぐさめた。こうした二人三脚がうまくいった。

それでも、貧乏の苦労はまだまだ続いた。

苦労した時代から使い続けている釜

起死回生を狙う

貧乏な私には、化学染料は結構高価なものだったし、作品の表装や額にもお金がかかった。月末になるとそれらの支払いに難渋することもたびたびあった。久しぶりの注文で、完成したふすまをオートバイで6時間かけて名古屋まで運んだら、転んで破いてしまったこともあった。泣くに泣けなかった。

辛いことはいっぱいあった。「寒漉き寒地獄」という言葉があって、水を使う紙漉きに冬の辛さは過酷だ。まして小原のような山里では、街中より気温も3〜4度は低い。霜焼けも日常茶飯事だった。当時、私の部屋にはストーブもなかった。

ふすま紙を漉くと、部屋はせまいので外へ出さなければいけない。水を切りながら出ると、たちまち凍ってしまう。朝になって太陽が照ってくると乾燥してくれるが、乾かないうちに北風でも吹いてひっくり返れば一巻の終わりだ。濡れているからぐちゃぐちゃになって使い物にならない。砂まじりの風が吹き込み、生乾きの作品が砂まみれになってやり直すことも再々あった。

だが、一番辛かったのは将来に対する不安だ。1955（昭和30）年、その不安を吹き飛ばすべく、捲土重来《けんどちょうらい》の気持ちで日展に出品する風炉先利休屏風の制作に打ち込んだ。モチーフはキキョウだ。

一度入選したからには2年続けて落選するわけにはいかなかった。もし落選したら、今までやってきたことをすべて無にしてしまい、和紙工芸作家は職業として成り立たないということになってしまう。

最初に日展で入選した後には弟子もできていた。最初は1人だけだったが、その後、徐々に増えていった。

出品し、発表を待ちながら稲刈りのため、田んぼに出る毎日が続いた。しかし、田んぼにいても心は上の空だった。気がつくと手を休め、郵便配達の通る道を眺めている。気持ちが同じと見え、女房も落ち着かない。他の田はどんどん稲が刈られていくのに、わが家の田だけはいつまでも稲が残っていた。

「寒漉き寒地獄」と言える紙漉き作業

2度目の日展入選

１９５５（昭和30）年、私は作家として最後の望みを託して日展に出品し、発表を待ちわびていた。そんなある日、待ちに待った電報が届いた。入選を知らせる電報だった。思わず涙がこぼれた。女房も泣いていた。知り合いが次々にお祝いに駆けつけた。幸せな一夜だった。

同じ年、初めて小原工芸会展が名古屋駅前の商工会館で開かれた。小原工芸会は48（昭和23）年、当時の小原村村長を会長に発足した工芸研究会だ。この展覧会に私が出品した一閑張《いっかんばり》の壺を、当時の桑原幹根愛知県知事が１万円で買ってくださった。

この時も藤井先生は「作品をたやすく売ってはいかん」とおっしゃった。売るのはもっと勉強してからだという。だが、貧乏には勝てず、売ってしまった。

また同じものを作ればいいと思っていたが、以来、あの飾り壺は二度とできない。

20代後半から30代前半は若かったからか、根を入れるととことん入れてしまい、こねくり回して作品をだめにしてしまっていた。そうなる前にさっさと切り上げて、気分転換に飲みに行くことも多かった。少しお酒が入って作業場に戻ると、意外と良いアイデアが浮かぶこともあった。

名古屋の栄にもよく飲みに行った。お金なんてないから作品を持っていくのだが「もらっても高く売れないから」と敬遠された。それから逆に「作品を作ってほしい」と言われるようにもなったが、それはまた後の話。そんなわけで夜の巷《ちまた》のあちこちに、苦難時代の名残りの作品が散らばっているはずだ。こうした作品は店の宣伝になったのではないかと、変な自負もある。「紙で漉いた変わった絵」という興味から私の名前も口コミで広まったのではないかと思う。

２回目の入選を果たしてからは、毎年日展に入選するようになった。写実的な作品だけではなく抽象的な作品にも挑戦した。そのひとつ、「想」と題した二枚折りの屏風は評論家の野間清六さんが好意的な評を書いてくださったが、口の悪い先生にはけなされた。

後年の日展祝賀懇談会の様子

初の個展

日展に連続して入選するようになっても、貧乏は相変わらずだった。国民はまだ衣食住がやっとで、美術作品に目を向ける余裕は生まれていなかった。わが子で一番貧乏な時代を知っているのは長女の潤子だ。潤子はサンマもはらわたから骨まで残さず食べた。

そんな中で初めて売れた私の作品は、つつじを描いた高さ60センチ、幅30センチの風炉先屏風だった。藤井先生は常々こうおっしゃっていた。

「自分の作品に自分で値をつけるものじゃない。相手がつけてくれるのが、お前の作品の価値だ」

1958（昭和33）年、名古屋の松坂屋で初めて個展を開くことになった。私のほうから松坂屋に頼みに行って実現したのだが、私の作品だけでは売れそうにないから、日本画家の杉山寧《やすし》先生の絵を賛助出品してもらってくれないかと難題を言われた。当時、私が杉山先生の絵の紙漉きをしていたので、そんな話になったようだ。それで東京の杉山先生のところへ行って事情を話し、1枚描いてほしいとお願いした。先生は快く引き受けてくださって個展を開くことができた。

　ところが、いざ個展が始まっても先生の絵が届かない。私の作品も全く売れない。松坂屋はカリカリきていた。3日目の朝、ようやく4号の大きさに桃を三つ描いた作品が到着した。さすが、この絵は見もしないうちに買い手がついた。

　一方、25点も出品した私の作品はほとんど売れなかった。それでも杉山画伯賛助出品ということでマスコミにも取り上げられ、私の名も知られることになった。後で杉山先生のところへお礼にうかがった。ノーネクタイの私に「いかにも君らしい」と笑っていらっしゃった。文化勲章も受けた偉い先生に対して、われながら無邪気過ぎたかもしれない。

この個展の開催期間に、こんなことがあった。来客との応対にひと段落した私に、手伝いに来ていた仲間が「入り口のところに、中に入ろうとせずに涙を浮かべて、うろうろしているおばあさんがいる」と教えてくれた。私の脳裏をある人物のことがよぎった。

松坂屋で開いた個展（1975年代ころ）

母との〝和解〟

行ってみると、そのおばあさんはすでにいなかったが年恰好を聞いて、はっと気がついた。母に違いなかった。新聞か何かで個展のことを知って来るには来たが、中に入るには勇気が必要だったのだろう。私にはどんなお祝いの言葉より、母が来てくれたことがうれしかった。この仕事を続けてきて良かったと思った。

実はこの数年前、一度母に会いに行った。小学校に入る前に会って以来のことだ。母が病気で入院していると聞き、病床に横たわる母のもとに駆けつけた。今までつかえていたものがあったのだろう。ひと晩中、泣き、しゃべり続けた。うらみつらみも出た。

「片時もあなたを忘れることはなかった。私も辛かった」

母の頬に、はらはらと落ちる涙を見た。それですべてのうらみが消えたわけではなかったが、20数年間沈みこんでいた「母親に捨てられた」という思いだけは不思議となくなっていた。

個展会場にそっと姿を見せてくれた母を思い浮かべ、改めて母の存在を強く感じた。やはり、他の誰よりもこの個展を母に見てもらいたかった。

それからまた松坂屋に個展の話を持っていった。今度は陶芸家の河村又次郎先生と2人でやってほしいと言われた。それで結局「二人展」になってしまい、再び個展を開く機会はなかなかこなかった。

日展の入選は毎年続いていたが、生活は苦しかった。ただ、1960（昭和35）年ごろから紙漉きが忙しくなり、農業から遠のいていった。

58（昭和33）年、三女の知子が生まれた。この時は藤井先生に「お前はもうだめだ。子どもや生活に振り回され、ただ死んでいく人間だ」と言われてしまった。こっちも負けずに「何でもいいから稼げるようにしてもらわんと」とぶちまけた。すると先生は「技術だけはしっかり教えてやる。それを使ってどうやるかは己の才覚だ」と言い放った。

1984 年、日展審査員に就任したころ（右から
２人目）

不安の終わり

藤井先生に言われたことが当時はよく分からなかった。しかし後で考えてみると、ふすまを漉いて収入を得ていたのがひとつの〝才覚〟だったかもしれない。先生から学んだ技法を生かしたおかげで、新しいふすま紙として評判になった。

1959（昭和34）年も忘れられない年だ。現在の天皇陛下が美智子妃とご成婚され、お祝いとして愛知表装組合から小原工芸会の合作、六曲一双屏風を献上させていただく栄誉に浴した。これが縁で、後に皇室の方々と親しくさせていただくことになる。

昭和30年代には他にもマッカーサー元師、後に駐日米国大使になったライシャワー氏、モーランド駐日英国大使にも作品を献上している。先生が予言したように、和紙工芸が美術工芸作品として認められ、世間でも高く評価されるようになってきた。

65（昭和40）年、日展で私の「樹炎」という作品が特選になり、「不安の時代」が終わる目鼻がついてきた。この作品は紅葉の名所として知られる香嵐渓が鮮やかに染まるイメージを、朱色と黄色と黒色で燃え立つ炎のように、抽象的に表現したものだ。先生に教えを乞うてから18年の歳月が過ぎていた。

特選を取ったことで少しずつ認められるようになり、生活も人並みになってきた。しかし、そうなると今度は毎日が戦争のような日々が続くようになり、つきあいも増えた。

私ばかりか女房も私の仕事の関係で出かけることが増えた。三女の知子が小学1年生の時、「神様に願いごとをするとしたら」という題目で作文を書くことになり「お母さんに毎日家にいてほしい」と書いたそうだ。何しろ年中、夫婦して出掛け、夜もいなかった。思えば子どもたちには可哀想なことをした。

また、村の祭りも家族そろって楽しんだことがない。小原の秋祭りは10月10日で、日展への出品の締め切りが10月14、15日だったので、私は祭りどころではなかった。

「樹炎」（手前左端）などの作品に囲まれて

一人歩き

１９６５（昭和40）年に日展で特選を受賞すると、その翌年からは日展無鑑査になり、私も一人歩きできるようになった。個展も開けるようになり、第１回の個展ではまるで売れなかった作品も回を重ねるごとに売れていった。86（昭和61）年まで毎年、松坂屋で個展を開くことができ、完売するまでになった。私がこれまでやってこれたのは、多くの人に支えられたからだ。ひどい貧乏から抜け出せたのも、人々の励ましと支えがあったおかげだった。

陶芸家の河村先生と二人会を開いた時、まだ売れていなかった私たちに支援の手を差し伸べてくれたのが、都築吉太郎氏を会長とする双丘会だった。氏は日本のパチンコ王と知られる人物だ。当時、双丘会の会員は約１００人で、トヨタ自動車の社長夫人もいた。

この会が、私たちの作品を買い上げてくれる頒布会を毎年1回開いてくれた。それは81（昭和56）年まで続き、まさに私の一番苦しい時代の経済を支えてくれた、まことにありがたいスポンサーだった。

さらに日展で特選を受けてからはトヨタ自動車もスポンサーになってくれた。トヨタ自動車が自動車生産30周年の祝典を開いた時のことだ。講師に松下幸之助さんを招いたが、あれだけの人なので謝礼金は受け取らない。松下さんの会社には茶室があるから、お茶席に欠かせない風炉先屏風を贈ることになり、私の作品が選ばれた。

作品を持って行くと、当時の会長、石田退三さんがいらっしゃった。私が「和紙工芸の作品は私どもが創り出し、日本でも小原村にしかないものです」と説明した。そのまま私の人生のことなんかも話したら気に入ってくださり、特選も取ったことだし、応援しようということになった。トヨタ自動車だけではなく豊田通商、豊田工機（現・ジェイテクト）などグループ会社でも買うので全部持って来いという。天にも昇る気持ちとはまさにこういうことを言うのだろう。最敬礼をしてテーブルに額をぶつけてしまった。しかし、困ったことも起きた。

日展審査員就任祝賀会で石田退三さん（左）と

後援会の誕生

いざ買い入れが始まると、これがとんでもなく安く値を付けられた。腹に据えかね、「芸術というものにあまりにも無理解過ぎる」と苦情を言いに行ったこともある。それでも、今日までずいぶんお世話になったことには違いない。

その後、トヨタ自動車の労働組合も作品を購入してくれるようになった。退職者に記念品として渡すためだった。私の高校時代の同級生が組合の幹部で、彼から頼まれたのだ。

後援会「一生会」もできた。１９６９（昭和44）年、40歳になった私が豊田青年会議所を卒業したのがきっかけだった。ちなみに豊田青年会議所には、創立された61（昭和36）年、知人に誘われて入会した。

以前も岡崎市にこぢんまりとした応援の会があったが、一生会は大規模だった。天野エンザイム元会長の天野源博氏を中心に、当時の若手オーナー経営者が集まり、名古屋で30人、豊田で20人くらいの会となった。その後、14の支部ができ、300人以上の会員を抱える大所帯へとふくらんだ。ありがたい後援会だった。

この会は私の作品を買い上げ、裁判所や体育館、公立病院、公民館など公共施設に寄付を続けた。小原和紙の紹介を兼ねて私の制作工程などを撮影した映画も作っていただいた。毎年、ゴルフの会、忘年会も開き、私を励ましてくれた。そこには県知事、財界人の方々も出席してくださった。

天野氏のお考えもあって、入会資格は大変厳しく、すぐやめてしまうような人は入れないらしい。とにかく、これほど長く続く会も大変珍しいようだ。受賞祝賀会にも多いと900人くらいが来てくださる。天野氏の組織力と人徳に負うところも大きいが、地元の人に応援されているというのは、とても心強い。

その薫陶を受けて私も人徳を磨いていきたいと思った。

後援会設立に尽力くださった天野源博氏（左）
と（1990 年代）

肝胆相照らす仲

天才と言われた喜劇人、松竹新喜劇の藤山寛美さんと最初に出会ったのは1970（昭和45）年だったと思う。女房の知り合いの釜飯屋の紹介だった。以来、兄弟分のような付き合いをした。肝胆相照らす仲となったのは、生まれた環境がよく似ていたからかもしれない。

ともに29（昭和4）年生まれで、育った時代が同じだっただけではない。寛美さんは6歳から子役として舞台に立ち、学校もろくに行けず苦労をしたという。小さい時に父親を亡くし、母親と離れ離れになった私に「お前も苦労しているな」と、感じ入ってくれた。

寛美さんが名古屋の御園座に出る時は、上演後に栄で一緒に飲むことも多かった。芝居と和紙工芸、それぞれでお互いに日本一になろうと励ましあった。

寛美さんに頼まれ、大阪のテレビ番組で紙漉きの実演を行ったこともある。作品もたくさん持って行った。すると寛美さんが「せっかく持ってきたんだから全部置いていきなはれ。わてが、関西の財界人に配っておきますさかい」という。女房はお金の心配をしたが、そこは男同士の気合だ。作品を全部置いてきた。

後日、近鉄や大丸、サントリーといった関西財界の社長から「貴殿の作品を藤山寛美さんからいただいた」という礼状が届いた。もちろん代金の支払いはない。早い話が、寛美さんは私の作品でお世話になっているところへの義理を果たしたのだ。そうしためちゃめちゃなところが寛美さんらしかった。

それだけに私への義理固さも大変なものだった。82（昭和57）年、私が豊田市芸術文化選奨を受賞した時、豊田市の公民館での祝賀会にも舞踊の家元、西川右近さんと一緒に駆けつけてくれた。

90（平成2）年、寛美さんが61歳の若さで亡くなった時は、トヨタ自動車の社長さんから頼まれ、寛美さんの奥さんに香典を渡すため京都へ行った。寛美さんはトヨタ自動車ともお付き合いがあったのだ。

さて、私には他にも有名人らとのお付き合いがあった。

藤山寛美さん（左）と楽屋で

さまざまなご縁

関西の人では大村崑さんとも親しくさせていただいた。歌手では松山千春さんと親しかった。松山さんが名古屋へ来ると、よくお会いしたものだ。宝塚歌劇団出身の女優で、政治家にもなった扇千景さんのところにも私の作品がある。

トヨタ自動車にお世話になって以降、仕事が軌道に乗ってきたころ、新たに大変なパトロンになってくださった方ができた。佐川急便の初代社長、佐川清氏だ。私の作品の理解者として、頭が上がらなかった。小原にも何度も足を運んでくださった。「人を育てること」にとても熱心な方だった。

この佐川氏を紹介してくださったのは、作曲家の山本丈晴さんだ。1968（昭和43）年、山本丈晴さんの妻で日本映画史上屈指の美人女優、山本富士子さんが東芝日曜劇場で「紙の女」というドラマに出演した。小原の紙漉きを描いた作品で、田村高廣さんが共演だ。私がこの作品で紙漉きの指導をしたことが縁で、山本丈晴さんとも知り合い、漆の二枚屏風「樹林」をお買い上げいただいた。

三井物産の社長と会長、NHKの会長を歴任された池田芳蔵さんも訪ねて来られたことがある。池田さんに恩師、藤井先生についてとうとうと述べると、先生の作品を見せてほしいとおっしゃるのでお見せした。すると「欲のない絵だ。まるで禅宗の坊さんの絵のようだ」と、いたく気に入られた様子でぜひ欲しいとのこと。だが、それは女房が形見にもらったものだからどうしても譲れない。固辞したが、向こうも固執される。最後には断り切れなくなり、その代わりに、というか私の作品もお買い上げいただいた。

三井銀行（現・三井住友銀行）の社長、会長を歴任された小山五郎さんもわが家にお越しになった。来る前に近所で見かけたマンジュシャゲがあまりにもきれいだったからと、私にマンジュシャゲの絵を描けという。1年がかりで完成させたその作品をとても喜んでくださった。

「紙の女」の撮影現場で紙漉きを指導する私（左）
と山本さん（中央）

皇室の方々と

私の作品のコレクターもお見えになる。名古屋市中区栄に店を構えていたそば店「や婦そば」の店主、那須資郎さんには200点近く作品をお買い上げいただいた。身内だが、新栄でとんかつ屋「味の店石川」をやっていた私の従兄弟も、苦節時代から作品を買ってくれた。ただし、身内だからと妥協せず、本当に気に入った作品しか買わない。

名古屋の鳥料理の元祖的存在の「鳥栄」も、棟方志功、竹久夢二と並び、作品を多く店内に飾ってくださっていた。かなり古い時期の屏風「紅梅図」や、大作「あやめ壁図」などだ。日本料理店「蓬莱軒」にも作品がたくさんある。先代の店主の鈴木兼三さんが、和風の部屋には和紙の作品がよく合うと喜んでくださっていた。

現在のアトリエを建てた時も、東郷産業の相羽義朗氏が「金のことは心配するな」と言い、設計から手配し、後援してくださった。他にも多くの人たちに有形・無形でお世話になった。皆さんが私を育ててくださった。改めて藤井先生がおっしゃった言葉を思い出す。

「人には努力、才能も必要だ。だが、やはり人には縁が大切で、自分の力も縁によって伸びるもの」

大変幸せなことに、多くの皇室の方々とお会いする機会にも恵まれた。侍従長である重田氏のお話では、天皇家では昔の和紙の虫食いの補綴《ほてつ》が常時行われ、和紙に対して特別な造詣があり、関心もお持ちだという。何と言っても名誉だったのは、昭和天皇、皇后両陛下の前で和紙漉きの実演を披露させていただいたことだ。

1979（昭和54）年、愛知県民の森で第30回全国植樹祭が行われた。植樹祭は毎年各県が持ち回りで行うが、この年は愛知県がその担当になり、私に和紙漉き実演を披露せよとのお声がかかった。

だが、これが実に大変だった。公安調査庁が私の身辺はもちろん、友人関係からすべて調べる。万が一、私に怪しいところがあったら大変だというわけだ。

応援してくださる方々と懇談

入念なリハーサル

幸いにも怪しいところは一切ないということでリハーサルは、愛知県の林務課と宮内庁が仕切ることになり、1カ月前には行われた。全体で20分で、ここまでが10分、ここは3分と細かく決められ、私の持ち時間は5分ということになった。

陛下がいらっしゃったら案内係が紹介するので、頭を下げてから紙漉きを始める。何か聞かれたら正確に答えなければいけない。知らないことはきちんと「存じません」と答える。

そうした細かいリハーサルを行い、帰ろうとすると「開催日までくれぐれも事故にあったりしないように」と注意された。私もさすがに気を引き締めて自重した1カ月を送った。

実演前日は関係者一同が指定された旅館に泊まった。早く寝なければいけなかったが、布団に入ってもなかなか寝付けなかった。

そして実演当日、朝の6時には起こされた。私たちの実演披露は午後1時50分からだったが、午前8時には会場入りし、時間まで所定の場所で待機することになった。警護上の問題もあって、やたらに動いてはいけないという指示だった。

緊張しているうちにいよいよ私たちの番になった。リハーサルでは陛下が私のところにいらっしゃって、紹介されて実演を始める手はずだった。ところが、陛下は5メートルほど先でお立ち止まりになって、こちらにお出でにならない。それどころか、そちらのほうで愛知県知事が和紙工芸について話し始めている。

私はとっさの判断で紙を漉き始めた。それでも陛下は一向にこちらにお進みになる気配がない。とうとう知事が向こうで「あちらが師匠の山内さんです」と、私を紹介してしまった。「あ、そう」と陛下が言われた。このお言葉はこの日、5、6回は聞いたと思う。今でもはっきりと耳に残っている。

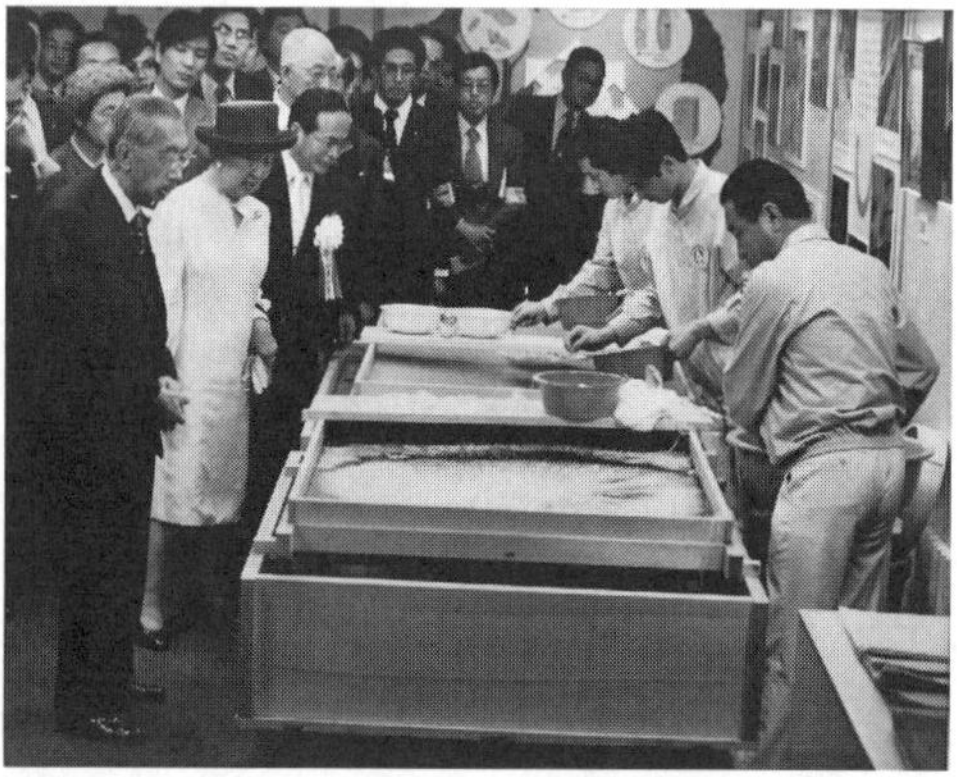

昭和天皇、皇后両陛下の前で紙漉きを実演した

忘れられない日

両陛下がようやく私のところまでいらっしゃった。皇后さまが私の漉いていた鷺草《さぎそう》の花をご覧になり、お尋ねになった。

「この花はどうして漉きますか？」

私はお答えしなければいけない。口で説明するのは難しいので「ひとつ漉いてご覧にいれます」と申し上げたら、皇后さまはニコニコしていらっしゃる。それで漉き始めたが、一つ漉くにも3分はかかる。漉き終わったら、予定の持ち時間5分を超え、13分もかかっていた。

私の実演は最後ではあったが、外では3000人が万歳を唱えるために待っている。予定時間を過ぎても陛下がいらっしゃらないので、外では私が何かやらかしたのではないかと話していたようだ。

それでも無事に大役を果たすことができ、何にも替えがたい光栄に浴した、生涯忘れられない日となった。

ただ、実は皇室の方と接したのは常陸宮さまとその奥さま、華子さまが最初だった。1970（昭和45）年のことだ。日本青年会議所の美術部会記念展覧会の全国大会が名古屋で開かれ、そこにお二人がいらっしゃっていた。私は風景の額を展示していたが、華子さまが熱心に染料などについてお聞きになった。

翌年には島津久子さまが私の工房へいらっしゃった。昭和天皇の五女の義母の方だ。当時のトヨタ自動車社長だった豊田英二さんの奥さん、寿子さんとご一緒だった。

何か土地のものをとおっしゃるので、女房が五平餅をお出しした。梅雨の晴れ間の暑い日だったので、久子さまは汗をハンカチで拭われた。これは申し訳ないと思って扇風機を回そうとしたら、今でも忘れられない、久子さまは驚くべきことをおっしゃられた。

常陸宮さまご夫妻に説明する私（右から２人目）

工房の訪問者

「人間は自然にさからってはいけません。暑い時には汗をかくものです」
「しかしお化粧がとれてはいけないと思いまして」
と言うと「気を使っていただいてありがとう」と微笑まれた。そして「私の家にはストーブもありません」と続けられた。質素に、自然体で生活されている島津家は素晴らしいと思った。

同じころだったが、昭和天皇の第三皇女、鷹司和子さまもいらっしゃって紙漉きを体験された。この後、徳川慶喜公のお孫さんがいらっしゃって鷹司さまが紙漉きしていらっしゃる写真を見て、「こんな楽しそうな鷹司さんの表情は初めて見た」とおっしゃった。

1976（昭和51）年には高松宮妃喜久子さまがいらっしゃった。よほど気に入られたのか、5時間も滞在された。清楚を第一にということで、新しい真っ白な服を着てお迎えした。当時の愛知県の桑原知事もついてこられた。こちらは緊張してお迎えしたが、和紙は大変お好きなようで、終始上機嫌で接してくださった。和紙を漉いてコスモスを描いた色紙もお作りになり、書もたくさん書かれた。

喜久子さまも、鷹司和子さまも、後にお会いする美智子妃殿下も、お作法が身についていらして、立ち居振る舞いの隅々に品が感じられた。その上、喜久子さまは実にさっぱりした、屈託のない方で、私は感動した。

お帰りになる時に「拙い絵でございますが、ご所望いただけるようでしたらお持ち帰りいただけますか」と申し上げたら、芯からのお喜びをお示しになって、8号ほどのアジサイの絵をご所望になった。その晩は知事らが出席する宴にご出席されたらしいが、そこで私の作品を皆さんに披露してくださったという。

高松宮妃喜久子さま（右)、桑原幹根愛知県知事
(中央)

喜久子さまの書をいただく

それからしばらくして、喜久子さまがお作りになったコスモスを描いた色紙を表装し、東京・高輪の住まいにお持ちした。ちょうど伺ったのが喜久子さまのお誕生日の前日で、お祝いにいらっしゃるお客にこの作品を見せるとおっしゃって、心から喜んでくださった。

この時、持って行ったのは色紙を額に入れたもの3点と書が3点だったが、喜久子さまの作品はもう1点、「月」と書かれた書があった。実は、どうしても何か1点はいただきたくて、桑原知事に相談した。すると「素晴らしい字なので家宝にしたい」と申し上げれば良いのではないかと提案してくれた。その通りに申し上げると、ニコッとお笑いになって承諾してくださった。

また、紅茶を出されたのだが、残すと失礼だと思って飲み干した。すると、すぐにお替わりが出てくる。飲み干すとまたお替わりが出る。こうして紅茶を3杯飲み干したところにケーキが出た。お腹は紅茶でたぷたぷになっている上、食べ切ってこれもお替わりが出てきたらどうしようと思うと、ひと口も食べられなかった。後で聞くと、飲み干すとお替わりを出すのが英国式だったようだ。

喜久子さまは終始ニコニコしていらっしゃって、タバコも勧めてくださり、ライターで自ら火までつけてくださった。これも後で聞くと、普段はそんなことはなされないという。帰りにはお土産としてタバコの缶をいただいた。缶には菊の紋章がついていた。

そして1983（昭和58）年8月、ついに当時の皇太子殿下だった天皇陛下、皇后陛下をお迎えすることになった。忘れがたく、大変名誉なことだった。

お二人はその年、愛知県の高校総体へいらっしゃることになっていて、その折りに小原村の和紙のふるさと（現・豊田市和紙のふるさと）へもお寄りになることになった。そのご訪問予定が組まれた当時、美智子妃殿下からも私の工房見学のご希望があったそうだ。

皇太子殿下、美智子妃殿下を工房にお迎えする

両殿下をお迎えする

美智子さまの部屋に、1959(昭和34)年に愛知県の表装組合から献上された屏風があって、それを作った作家たちのアトリエをぜひ見たいとおっしゃったという。

また当時、昭和天皇陛下から皇太子殿下へ、皇太子の時代になるべく多くの一般個人の世界を見聞しておくように、とのご意向があったことも聞いた。いずれにしても愛知県や愛知県警は「警備に不便」と相当反対したらしいが、ある日、村長から「お前んとこに、皇太子殿下が美智子さまとお寄りになるぞ」と連絡があった。どうやって準備すればいいか聞くと「自然のままが見たいとおっしゃっているのであまり片付けなくてもいい」と言う。しかし、やはりこのままお迎えするわけにはいかない。

そこらに散らばっているものを入れる倉庫をつくったのを手始めに、樋《とい》は直せ、窓をきれいにしろ、雨天を想定して渡り廊下をつくれという指示もあり、あれやこれやで1カ月は仕事にならなかった。警察署からは警備担当者が毎日のように来て、大げさな話、村中の穴を全部ふさげという騒ぎになった。

さらに小原村までのデコボコ道をアスファルト舗装してしまった。宮内庁の担当者もいらっしゃって「所要時間は50分。飽きがこないよう、よどみなく説明してくれ」と要望。とにかく民間の個人宅に来るということは異例だったようだ。

運転手さんも1週間前にリハーサルに来た。お迎えする時の私や家族の立ち位置、親戚の場所なども細かい指示があった。

前日になると大勢の警官が村に押し寄せた。わが家にも6人くらいが張り番に来て、山の上から見張る警官もいた。8月の暑い中、大変なことだと思った。

さて、その当日の朝である。よく晴れて暑くなりそうだったが、それより両陛下をお迎えする村中の熱気がすごかった。いよいよ黒塗りのお車が到着。まずサーモンピンクのスーツと帽子、パールのネックレス、白い手袋の美智子妃殿下に続いて、グレーのダブルの背広を召された皇太子殿下が降りられた。おろし立ての紺色の背広とネクタイ姿の私をはじめとした一同は、頭を低くしてお迎えした。

両殿下にご説明する

美智子さまと麦

皇太子殿下と美智子妃殿下を応接間にご案内すると、壁にかけてあった、紀宮さまが満1歳の時のお写真を見つけられた。紀宮さまの後ろに、小原村の和紙工芸作品として献上した梅の六枚屏風が写っている。美智子妃殿下は「よく長くとっておいてくださいましたね」とおっしゃって懐かしそうに眺めていらっしゃった。

それからアトリエをご案内した。すると皇太子殿下が「他のアトリエではもう少し小さい紙を使いますが、ここは少し大きいようですね」とおっしゃるので「ふすまの大きさが最小で、大きいものは3メートルにもなります」とご説明した。

若い弟子にも仕事についてお尋ねになり、最後にはそういったものにまで「ありがとう」と頭を下げていらっしゃった。私たちの緊張も分かって気を配ってくださっているようで、こちらもとてもリラックスした気持ちになれた。

次に、制作中の作品を干してある中庭に出られた。1枚の作品の前で美智子妃殿下が座り込まれ、お動きにならなくなった。それは麦の作品だった。侍従長が「お時間です」と何度か促し、お帰りになった。とにかく、お二人ともご機嫌麗しくお過ごしになられたようで、私もうれしかった。

さて、それから1週間ほどして愛知県庁から電話があった。美智子妃殿下が麦の色をお気に召して、麦の作品の屛風を作ってほしいとおっしゃっているということだった。それも献上品ではなく、お買い上げになるという。

それで1・75メートル×1・80メートルの四枚折りの屛風を作ることになった。皇室お買い上げと思えば心も励む。念入りに漉いて、1985(昭和60)年8月にお納めした。

それからまたしばらくすると、当時の小原村村長が宮内庁へ一緒にお礼に行こうと言う。そこで重田侍従長に連絡して東宮御所にうかがうことになった。これがまた大変だった。

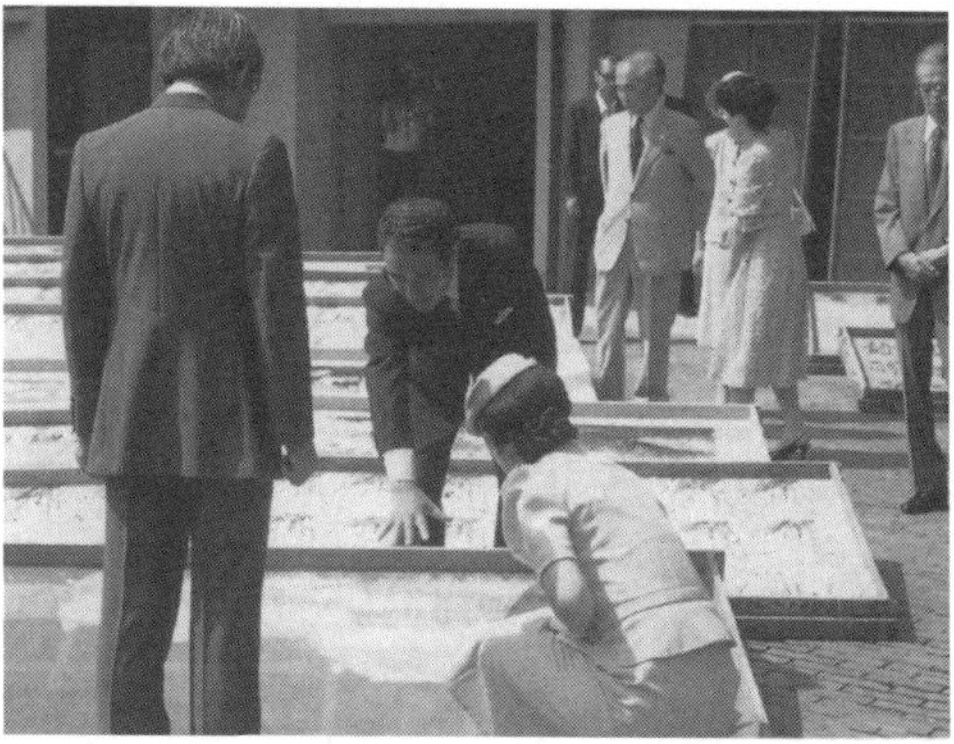

ご熱心にご覧になる両殿下

東宮御所を訪問

東宮御所にお礼にうかがうことになったが、村長も私も東宮御所がどこにあるのか分からないのでまずタクシーを捕まえ乗り込んだ。ところが運転手も分からないという。無線で本部に問い合わせてくれて、やっとたどり着いた。

中に通され、ようやく重田侍従長にごあいさつできた。重田侍従長はお酒が好きだと聞いていたので、地酒を持参した。話が弾み、妃殿下がいかに和紙に造詣が深いかを教えていただいた。さらに歌集を持ってこられて、妃殿下が和紙を詠んだ歌を見せてくださった。また、皇室の私有品である御物の「源氏物語」まで見せていただいた。

退室する時、生来ののんき者なのか、臆することなく重田侍従長に「また来ていいかね」なんて言ってしまった。帰りのタクシーでは運転手が「あまりに長いこと出てこないので、中で捕まったんじゃないかと心配したよ」と言うので大笑いした。

帰って愛知県庁に報告すると「タクシーで行った？」と目をひんむかれてしまった。御所に行くなら東京の出張所の車を回したのに、という。知らぬというのは恐ろしいものだ。

1987（昭和62）年には〝ひげの殿下〟として知られる三笠宮寛仁殿下がアトリエにお寄りになった。この時、殿下は畳1枚くらいの大作に挑戦されて、「雪」「花」「桃」といった字をお書きになった。

翌年1月、私は目録を持って女房とともに東宮御所の三笠宮家にうかがった。もちろんこの時はタクシーではなく、県から車を回してもらった。寛仁殿下はざっくばらんで、お話がとても上手だった。

さて、園遊会はきちんとした推薦がなければ出席などできない。そこに幸いにもお招きいただけることになった。大きな菊の御紋のついた招待の書状は、官房長官の名前で届けられた。封書の中には服装の注意書きや会場入りの指示書が入っていた。女房の喜びようも大変なもので、着物を新調した。これはえらく高くついた。

三笠宮殿下と私と女房（1988 年）

園遊会に出席

１９９０（平成２）年5月31日、午前11時、「君が代」の演奏で園遊会が始まり、天皇陛下と皇后陛下がお立ちになり、次いで皇太子殿下、三笠宮寛仁殿下ご夫妻がお立ちになった。

ここまでこれた自分の人生を思い、胸に熱いものがこみ上げてきた。厳粛な中にも深い感動があった。苦労をかけた女房にも孝行ができたと思うと、喜びも格別だった。

式次第は進み、両陛下が特別席へお越しになって、出席者に親しくお声をかけられる。当時の横綱、千代の富士、デザイナーの森英恵さん、日本画家の平山郁夫さん、バイオリニストの辻久子さん、歌舞伎の市村羽左衛門さんらの顔が並んでいた。陛下がお声をかけられると、皆緊張した面持ちで答えていた。

こちらはそうした様子を見学していたが、そのうちに三笠宮寬仁殿下が来られ、私を見つけて気さくに「やあ」と手を上げてくださった。大勢の方がいらっしゃるので、親しくお話しするわけにはいかなかったが。女房の話ではその後、重田侍従長がすぐそばをお通りになったという。私はなんだか上がってしまって気がつかなかった。

皇族の方々が退がられた後は、広い園内を散策して歓談にふけることになる。園内には寿司やオードブルなどの屋台も並んでいた。少し口にしてみたが、やはり気持ちが高揚して食べるどころではない。他の出席者も同じ気持ちのようで、直立不動にしていた。園遊会は午後3時に終了した。

帰りには名店のきんつばをお土産にいただいた。きんつばには菊の御紋の焼印が押されていた。

名古屋駅に着くと、女房がお腹がすいたという。園遊会では緊張してしっかり食べることもできなかったので、当然といえば当然だ。それで行きつけの店に寄った。すると、店の主人がテレビで私を見たという。

そんな話から、お土産のきんつばを披露することになった。お見せしたものを、ハイそれまでと包み直すわけにもいかない。めでたいもののおすそ分けということで、そこで分けて食べた。

園遊会に出席した女房と私

路傍の花

作品が売れ、名前が少しは知られるようになると、講演の依頼が来る。どうも頼みやすいらしい。

呼ばれるのは近辺の学校のＰＴＡが多い。「笑わせて、泣かせて」というのが私流の講演だ。私の一代記はどうしても母との別れから始まるが、聴衆はご婦人が多いので半分は涙を流す。

私はおばあさんのおかげで、孤独に耐えて辛抱することを学んだ。それが私を鍛え、今日をつくってくれた。おばあさんが亡くなってからは、これはという人にくらいついていった。甘えるのではないが、腹が減ったら減ったと言い、何とか作品が売れるように努力してきた。

自分一人で生きることを考えて生きてきたので怖いものはない。学校の勉強だけではなく、生きた勉強をしなければ何かを創り出す人間にはならない気がする。耐えること、我慢することも必要だ。私の娘も「大学に入ったら車を買ってもらうのも当たり前」と思っていたようだが、「皆が乗っているのに自分だけが乗っていないと、人間としての能力が欠けている」と思うのは間違っている。

人間はもっと基本にあるものを見つめるべきだ。藤井先生もそういう考えだった。基本を知った上での省略は良いが、根の部分の苦労や勉強を知らずに育つのが一番怖い。私から見ると、今の子どもたちは温室の花ばかりで、路傍の花のように暑さや寒さに耐えられない。

それに財産のあるなしが人間の価値ではないのに、財産のある人間が偉いといった今の風潮はいただけない。うわべだけの言葉では本当の人間関係は築けないのに、その場限りの言葉が多い。「ありがとう」という言葉も、心の底から出ることは少ない。先生は「ありがとう、と言う時は腹の底から言え」とおっしゃった。そして良い先生、良い先輩、良い友達に恵まれるためにも人から慕われる人間にならなければいけないとも——。

と、まあそんな話を講演でしている。聞いてくれる人はそれなりに感銘を受けてくれているようだ。

講演でこれまでの体験を話す

刑務所での講演

刑務所、消防学校、警察学校からも講演依頼があった。刑務所にはお坊さんがよく来るそうで、私のようなものは珍しいらしい。お坊さんのような人生哲学ではなく、体験からの人生を話すのだが、熱心に聴いてくれる。看守が監視しているので姿勢も良い。

刑務所では講演の後、受刑者に感想文を書かせるのだろう。送ってくれたことがあって、その中にこんな内容の1通があった。

「私は先生の生い立ちより恵まれていたのに、親を呪い、社会を呪い、現在の境遇に落ちてしまいました。自分の心の狭さ、愚かさを痛感しました。この気持ちを胸に刻み込み、更正し、残りの人生を少しでも意義あるものとし、社会に役立てるようがんばります」

自分の話が共感を持って聞かれ、心を動かすことができたのは望外の喜びだった。

受刑者と接し、男にとって〝おふくろ〟とは特別の思い入れのある存在なのだと思った。長谷川伸さんの有名な股旅物に「瞼《まぶた》の母」という戯曲があるが、いくつになってもおふくろへの思いは変わることがない。

母には何人かの子どもがいても、子どもにとって母は1人だ。だからこそ「わが母に勝る母はなし」という思いも強い。この世に産んでくれて、まがりなりにもこうして成功を成し得たのは、やはり母あればこそと感謝している。

1989（平成元年）11月には東海テレビ文化賞、翌年11月には愛知県文化功労賞をいただいた。日展の評議員も務めた。こうした栄誉を受けることができたわが人生を振り返ると、さまざまな感慨が湧いてくる。実に多くの人たちとの出会いがあったからだ。

特に、私たちに芸術、そして和紙による工芸美術を指導してくれた藤井達吉先生は、思えば思うほど偉大な人だった。

私が18歳の時、先生に「和紙工芸をやっても誰も買いに来ない」と言ったら、毅然《きぜん》として言い放った。

「君たちが本物になり、一所懸命やっていれば必ず来る。芸術とはそういうものだ」

先生のおっしゃった通りだった。

熱田神宮にて皇室との交流を講演したことも

和紙工芸の地位確立

私たちに芸術、和紙による工芸美術の道を示してくださった藤井達吉先生は、1950（昭和25）年まで小原村にいらっしゃった。晩年、神奈川県の湯河原町にお見えになられ、64（昭和39）年に亡くなられるころは、岡崎市にお住まいだったが、先生にはずっとご指導いただいた。自宅に伺うと喜んで迎えてくださった。亡くなられた後も空の上から小原を見て「それ見よ、わしの言った通りじゃろ」とお笑いになっているに違いない。

未来の保証もないことを一途にやってこられたのは、時代の影響も大きかった。みんな貧しかったし、どんな時代が来るか予想できなかった。今ならお金になるか分からない仕事など、我慢できずに辞めてしまうだろう。

先生の指導で創り出された現在の豊田小原和紙工芸は今日、ひとつの地位を確立できた。小原以外の地域でも和紙を用いた芸術家が日展に登場し、名鑑にも載るようになった。和紙の味わいに魅力を感じる人たちも増えている。私の工房で作っているうちわやふすま紙の人気も高くなってきた。

うちわと言えば90(平成2)年にアメリカのヒューストンで開催されたサミットで、海部俊樹首相夫人の幸世さんが私の工房で作ったうちわを配り、話題になった。和紙は西洋紙とはまるで違い、それだけに外国人は和紙に日本的なものを強く感じる。小原で生み出された屏風・壁紙はアメリカや南アフリカ共和国などに送り出され、高い芸術的評価を受けている。

ただ、日本人の生活様式が変わって屏風などは需要も減ってきた。一方、和紙はホテルやゴルフ場、スキー場などの壁面を飾る額装の作品やオブジェとして人気が高まってきていた。それは先生の教えてくださったものにはなく、自分の才覚で作るしかない。しかし、基本は先生の教えの中にある。その空間に合った、時代に即した作品をつくるということだ。

さて、おかげさまで私自身にも弟子が何人もできた。私も先生同様、手取り足取りは教えない。できたものにはあれこれ言うが、作る過程では一切言わない。ただ、先生は満座の中で指摘して恥をかかせねば効き目がないと考えたが、今の若い人にはそのやり方は向いていない。私はそういうことはしなかった。

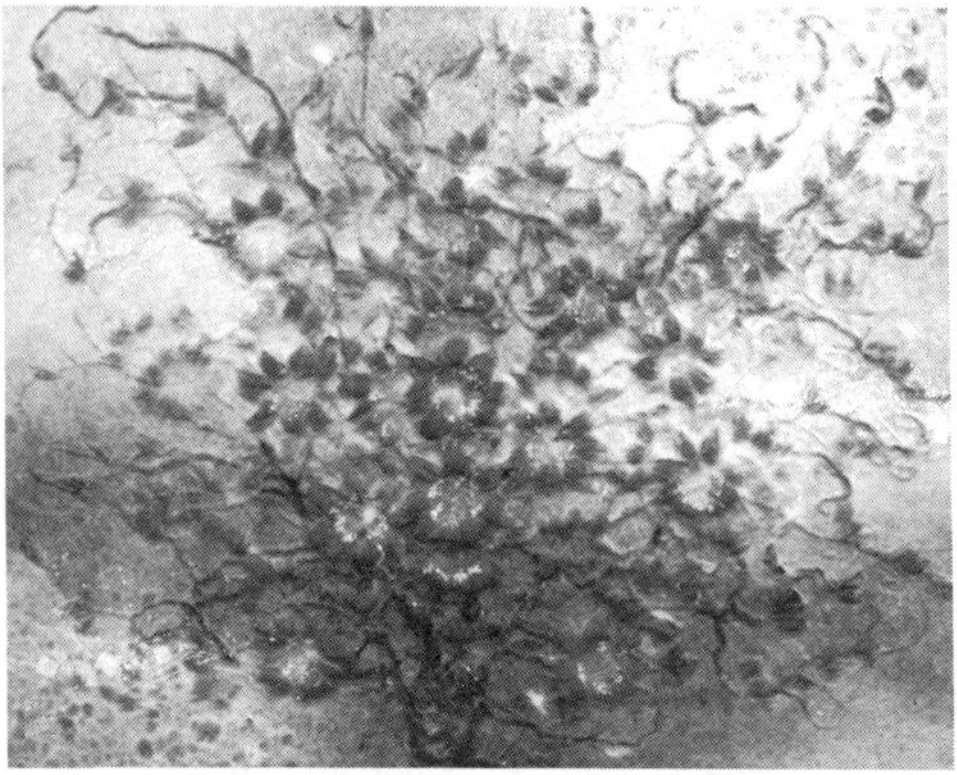

三越での個展に出品した「華」

コウゾの話

自分の来《き》し方を振り返ると、いろいろなことに隔世の感がある。

たとえば楮（コウゾ）だ。

コウゾという原料を和紙にするための状態にしていくこと、つまり原料の下ごしらえの作業も大変だが、かつて村にはコウゾの木を採ってきて下ごしらえをすることができるのは限られた家だけという決まりがあった。

わが家は昔から紙漉きをやってきた家ではないので、原料確保が大変だった。

その後、美濃の問屋に委託して、上質のコウゾが何キロでも注文できる時代があった。それもすぐに使える状態にして持ってきてくれていた。

ちなみに昔の作業は次のような順序だった。
①コウゾ採り＝普通は冬至のころに行う。
②コウゾ蒸し＝釜に入る大きさに切って入れて、大きな桶《おけ》をかぶせて1、2時間蒸す。
③黒皮をはぐ＝むしろの上に出し、皮はぎした後、竿にかけて干す。
④白皮にする＝干した黒皮を一昼夜ほど水に浸け、外皮、甘皮も取って川で粘り気を洗い流す。その後3、4日干す。
⑤白皮を煮る＝釜に入れて木アクを加え、自然のアクで5時間ほど煮る。今は苛性ソーダを使って2時間煮るだけだが、昔の方法のほうが繊維を痛めず、丈夫になる。
⑥白皮さらし＝清水に浸してアクを抜く。
⑦ちり取り＝川の水などに浸しながら荒い皮や固い筋を取る。

⑧コウゾ叩き＝叩いて繊維を砕く。
⑨原料たて＝漉き舟にコウゾの玉3割に水7割で入れ、トロロアオイなどのネリを入れて混ぜる。
⑩紙漉き＝すだれにたてた原料を入れ、揺り動かして平均的な厚さになったら水を捨てる。
⑪水を絞る＝漉いた紙を積み重ね、重しを加えて水を絞る。
こうした作業には大きな桶を使うが重労働だ。コウゾは皮の厚いのや薄いのやいろいろあり、作業も手数がかかった。

和紙の原料になるコウゾやミツマタはかつて小原村にもたくさんあり、土佐、島根、埼玉ではコウゾの生産が盛んだった。今後もなくなることはないと考えていた。

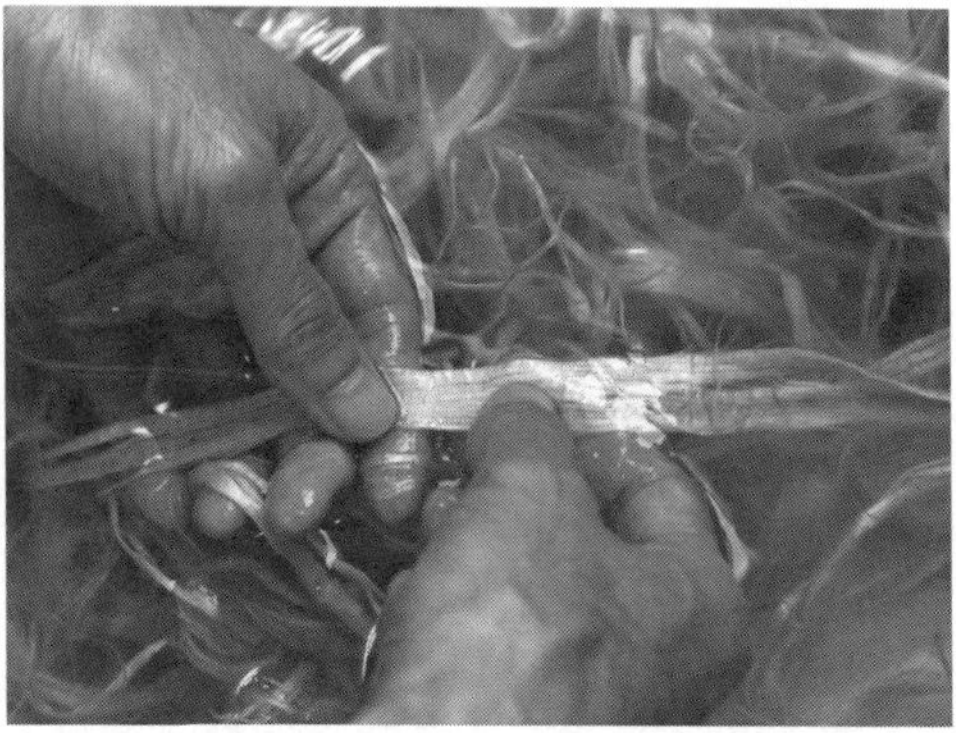

コウゾの固い筋などを取る「ちり取り」

自然と生きる

今になってコウゾを確保することに大変難儀をすることになるとは全く考えていなかった。それくらい自然環境が変化し、山林や栽培を担う人間の社会も変化した。

工房を持ったのは、求められることに応ずるためだ。ふすまの注文があって「できない」と言っていては今の時代に合わないし、何よりお客さまに申し訳ない。

和紙工芸はふすまとうちわの注文が多い。作家としての在り方には批判もあるかもしれないが、いろいろな注文がある以上、それに応えることは当然だ。生活面を考慮しながら後継者を育てることにもなる。大作に取り組むだけではなく、さまざまな需要にも応えることが、藤井先生の「芸術は産業の母胎だ」

という考えにも合うと確信している。

先生は農村美術館の創設を提唱されたが、実現への努力から1979年に小原村和紙のふるさと（現・豊田市和紙のふるさと）が完成し、多くの観光客も訪れるようになった。先生のお考えは実現を見ている。

小原村は「和紙工芸の里」として広く全国に知られ、私の他にも和紙による工芸美術を志す作家がここで良い仕事をしている。藤井先生という存在があってこそ、小原村の和紙による工芸美術は花が開いた。

どの職業でも担い手があって初めて品物が高いだの安いだのと言えるが、人がいても、モノが無ければ話にならない。そういうことに大変ありがたみを感じている。平成に入ったころは、皆何でもできる、手に入れられるという風潮があり、勢いがあった。モノもお金もない時代を経て、お客さまはもとより、後輩たちやいろいろな仕事をしてくださる方たちに支えられていることに、これだけ感謝の念を抱くとは昔なら思わなかったことだ。

昨冬、アトリエの中庭に女房と共に藤井先生の歌を彫った石碑を建てた。

「小原ぬも　春は来にけり　起きよおきよ　むしさへ　とりさへ　春知るものを」

小原の者への愛情あふれる藤井先生流の叱咤《しった》激励だ。この想いを誰が引き継ぐのか。わが家は娘が3人。長女も次女も他家に嫁いだ。残るは三女だったが…。

工房の前に建てた、藤井先生からいただいた歌を彫った碑

三女、知子のこと

三女の知子は中学生のころから絵画や紙漉きを始めた。大学時代も続け、山内一門の展覧会に作品を出すようになった。24歳で日展に初入選し、このまま知子が後継者になるものと思っていた。

昭和から平成へと、時代が移り変わる中、私は作家として充実した時期を迎えていた。１９９４（平成６）年には、初めて三越で個展を開くことができた。東京の日本橋で個展ができるということは、本当に夢のまた夢のことだった。

いざ開催すると、全国からたくさんの方々に駆けつけていただけた。本当にうれしく、この道に入ってここまできた、という思いを今でも強く感じた。

日展では97（平成９）年に内閣総理大臣賞を受賞した。大臣賞は日展の中で今でも最高位の賞であり、先の個展同様、感慨もひとしおだった。

ただ、良いことばかりではなかった。後継者として期待していた知子が２０００（平成12）年にがんで他界した。親がいない寂しさは散々味わってきたが、実の子に先立たれることの悲しさは言葉にはできない。実はこうして娘のことをしたためるのは、亡くしてから初めてのことだ。もう18年にもなる。

当時、娘の後を追いたいと思ったこともあった。だが、家族を思うと娘の分もがんばる気持ちになってきた。知子には、亡くなった当時、中３の長男と小３の長女がいた。孫たちが成長するにつけ、先生との日々を思い出した。

あのころは、大変なお爺さんを眺めるように先生を見ていたが、私が初めてお会いした時、先生はおそらく60代後半だった。70代に入った私は、あのころの先生の歳を越していることになる。

あと何年、孫たちの成長を見守れるだろうか？下の孫が大学に入るまで見届けられるだろうかとか思っているうちに、気が付くと小３だったその子も社会人になっている。今では孫が5人、ひ孫も3人いて、この歳を迎えられたことは望外な喜びだと思う。

07（平成19）年に旭日小綬章を受章した。もうこれ以上、経歴に上積みできることはない。お国からよくがんばりましたと言われたような気持ちで、久々に本当にうれしい出来事だった。

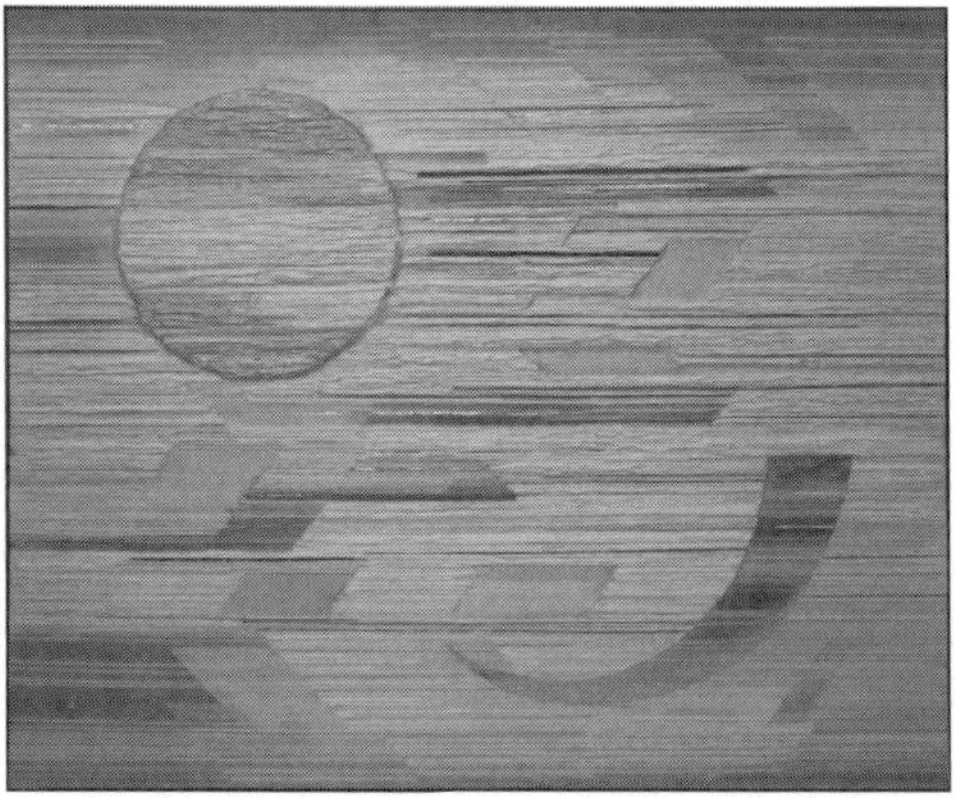

1997 年に日展で内閣総理大臣賞を受賞した
「白譜」の連作

後世に残したいこと

一昨年、ありがたいことに、私は米寿となった。その年の暮れには豊田市名誉市民に推挙された。２０１８（平成30）年の3月に受章を賜わったが、小原で生まれて、戦中には挙母町のトヨタ自動車の工場に学徒動員で赴き、エンジンのピストンをつくる作業をしていた者が、晩年このような栄誉を授かるとは全く思わぬことだった。

図らずも同じ月に、年に一度の小原和紙工芸会の総会が開かれ、かねてよりの議題であった、会の名称を「豊田小原和紙工芸会」に改名する議案が決議され、私も今は豊田小原和紙工芸作家となった。

始まりは70年以上前になる。その時は豊田市もなかった。何をしようかとさまよう若者だった。あちこちで言うことだが、藤井先生と出会わなければ、今はない。そして今は、多くの人との出会い、ご縁があって今の自分があることにひたすら感謝する日々である。先生に子や孫、ひ孫の捨て石となり、礎となれと、叱咤激励されたが、はばかりながら、少なからず任を全うできたと思う。「芸術は産業の母胎」が先生の教えだった。

先生は「お前が俺くらいの歳になるころには、ニューヨークに日帰りできるようになる」とか「ロボットがものを作るようになる」など、今からすると大変先見の明があることを言っておられた。それが現実の世の中になるとは、今日の飯のことで精一杯だった私には想像もできなかったし、そういう時代を生きることができたことも感謝するしかない。

ただ先生は、機械文明が進んでも人間の手仕事でしかできないことがあるから、必ず手工芸なり芸術が見直される日が来ると、常々おっしゃっていた。今日がそうだと思う。

先の総会で、議長を務めた工芸会会長は三女の長男、つまり孫だ。孫も含めて、弟子たちも会長を務めてきた。私も歳を取ったが、彼らが今の時代、そして将来に向かって勇気を持って歩んでいけるよう、彼らの背中を押し続け、和紙による工芸美術の世界の可能性を見出していきたい。

作品に取り組む現在の私

あとがき

　昨年の連載に引き続き、書籍化するお話を頂けたことは、本当に得難い機会に恵れたと感謝の念で一杯になった。

　現在、私は89才になったが、この歳で「マイウェイ」に取り組めたこと、先ずは中部経済新聞社の関係各位の方々に改めて感謝の念を申し上げたい。

　こうして一冊の本にまとまったことは、今までの、そして今支えてくださっている多くの方々のおかげであることに他ならない。この場をおかりして皆様への感謝を改めてお伝えしたい。

　ご縁がいかに大事で、恵まれてきたことに、加えて、私のひ孫たち、その先の世代の者たちへ「マイウェイ」を残すことが出来た至福の悦びを今味わっている。

さて、本業の豊田小原和紙工芸について一言。先ず、この「マイウェイ」が読者の方々にとって豊田小原和紙工芸とのご縁を一層深めて頂ける一助になると大変有り難く思う。

そして、よく話すことだが、いい風に続いていって欲しい。それが今の私の願いだ。

その時代、その時代で困難なことが色々あると思う。これからの時代のことはその時を生きている人にしかわからない。都度「こうしろ」「ああしろ」と私が言えないから、とにかくこれからの人達には、一所懸命頑張って、人様からのご縁の力を授ってゆけば、自然と生きてゆくための答えがでてくるとエールを送りたい。

私が「マイウェイ」から実感したことだ。

最後に読者の方々の「マイウェイ」が一層幸福なものになることを願って、

私の結びの言葉とさせて頂きたい。

２０１９年３月吉日

筆　者

＊本書は中部経済新聞に平成三十年七月二日から同年八月三十一日まで五十一回にわたって連載された『マイウェイ』を改題し、新書化にあたり加筆修正しました。

山内 一生(やまうち いっせい)

1929(昭和4)年生まれ。46年、愛知県挙母中学校(現・豊田西高校)卒、47年、芸術家の藤井達吉氏に師事し、紙漉きを始める。53年、日展に初入選。56年、名古屋・松坂屋で初個展を開催。74年以降、日展審査員を5回務める。97年、日展で内閣総理大臣賞を受賞。
82年、愛知県芸術文化選奨受賞。88年、紺綬褒章、2007年、旭日小綬章を受章。18年、豊田市名誉市民。

中経マイウェイ新書 042

手《て》さぐり人生《じんせい》

2019年4月25日　初版第1刷発行

・

著者　山内《やまうち》 一生《いっせい》

発行者　恒成 秀洋　発行所　中部経済新聞社

名古屋市中村区名駅4-4-10　〒450-8561
電話 052-561-5675(事業部)

印刷所　モリモト印刷株式会社　製本所　株式会社三森製本

ISBN978-4-88520-221-6